樂在閱讀教學：

文本分析與理解策略應用

黃秀霜、詹士宜、陳海泓、王秀梗　主編

黃秀霜、陳海泓、詹士宜、陸怡琮、陳昭吟、王秀梗、
柯潔茹、王惠亭、許淑蓉、陳美惠、王楀瑄、許力云、
許尤美、吳淑珍、高榛澧、謝謹如　著

黃秀霜 [1]

　　我們時常對學生說：「閱讀很重要」，進一步地我們更會鼓勵他們「多多閱讀」。閱讀的重要性在於透過閱讀能帶給我們的知識成長，這個知識成長會轉化為個人的競爭力，而知識可來自學科閱讀又或者是生活之中的各類閱讀。易言之，閱讀是各個學科學習的基礎，是一種探索世界、增廣見聞、豐富思考且提升競爭力的重要媒介。

　　近十多年來，國際閱讀能力評比興盛，各先進國家對於評比成績皆為重視，將其視為國家競爭力的指標之一。臺灣學生自 2006 年起，國小生及中學生分別開始參加「促進國際閱讀素養研究」（簡稱 PIRLS）測驗評比與「國際學生能力評量計畫」（簡稱 PISA）評比。自此以後，每次的評比成績總引起教育界各方人士的關注與討論。PISA 評量內容涵蓋閱讀、數學和科學三個領域的素養程度，更進一步地觀察 PISA 測驗之成績，臺灣學生在數學素養與科學素養的評比表現仍算可圈可點，而在閱讀素養此項，歷屆評比成績分別為 16、23、8、23 名，低於亞洲臨近國家，例如：新加坡、香港、日本、韓國等，顯示出臺灣中學生的「閱讀素養」方面亟待加強。所謂閱讀素養，根據 PISA 2009 所定義：閱讀素養為理解、運用、省思及投入文本，以達成個人目標，發展個人知識和潛能，並有效參與社會。直言之，閱讀素養係學生在閱讀的歷程中，能理解所讀、應用所知，並樂於其中。

　　觀察臺灣教育在落實閱讀教育方面之推動與經營，教育部近幾年積極推動閱讀相關計畫，希望鼓勵學生閱讀，並將目標放在能培養學生擁有帶著走的能力。十二年國民基本教育課程綱要自 108 學年度起，由國民小學、國民中學及高級中

---

1. 國立臺南大學教育學系教授。

學一年級起逐年實施，在課綱的內容及方向設定上，轉以素養作為貫穿課程的主軸及發展基礎，希望能培養學生具備面對未來的知識、能力與態度。因此，新課綱的重點放在學生能力素養的建立與培植，而素養導向的教學則成為達成上述目標之途徑。怎樣是素養導向教學？根據國家教育研究院之說明，素養導向教學的設計與實施原則有四，其中一原則乃為「重視學習的歷程、方法及策略」，故而教材與教學設計，除了知識內容的學習之外，更應強調學習歷程及學習方法的重要，以使學生喜歡學習及學會如何學習。融入閱讀理解策略的教學即為針對此一原則的呼應。

透過閱讀而獲取知識，當中牽涉著閱讀理解。所謂閱讀理解是指，讀者基於主觀認知而建構意義的複雜歷程。國民中學階段，中學生需要閱讀許多陌生主題的文本。以國文為例，小學國語課本內的課文是經過改寫與特別設計的文章，課文中之詞彙與句型皆經過設計，而國中國文課本內之文章則常為原文選文，文章當中包含許多不熟悉的文言文本與學科詞彙，其書寫的語言結構也趨複雜，造成文本難度提高，因此許多中學生遭遇到閱讀困難，進而影響了學科的學習；學習困難若持續與加深，將影響學生的閱讀動機與對閱讀的排斥。

根據相關研究顯示，閱讀理解策略教學[2]有助於學生的閱讀理解，其幫助學生閱讀力的提升。閱讀理解策略教學除著重於策略方法的教學外，有效的閱讀理解策略教學仍須建置在精緻的文本分析之上，教師所為的文本分析到哪裡，學生才能學習到哪裡。簡言之，有好的文本分析才能有好的閱讀理解策略教學。因此，本書結合國內大學學者與國中現場專業教師，共同編撰此書，本書內容主要分為理論篇與應用篇，說明如下。

理論篇：本篇目的在於提升讀者對於「文本分析」與「閱讀理解策略」之概念及內涵的了解，說明其教學之相關性，並觸及談及其與十二年國民基本教育課程綱要之關係。文章包含：文本分析的重要性、文本分析的步驟、文本分析與閱讀理解策略教學、文本分析與核心素養等。

---

2. 本書所使用之閱讀理解策略教學取自於課文本位閱讀理解教學・教學策略資料庫（2012）。2019 年 2 月 13 日，取自 http://tbb.nknu.edu.tw。

應用篇：本篇邀集國中現場專業教師，以國民中學共同古文選文為文本素材進行文本分析，步驟化呈現文本分析過程：文本分析、教學設計、教學實施到教學評量。以上之規劃，希冀讓閱讀本書的現場教師，在閱讀完本書後，即能立即應用文本分析之閱讀理解策略教學於課堂教學之中。更進一步，可以讓教師體認與了解到文本分析對於教學的重要性，並提升教師的教學素養。

　　期待讀者閱讀完此書，能有助於其餘文本分析上的了解、操作與應用，以達成更為臻善的閱讀理解策略教學。再者，冀望本書有拋磚引玉之用，帶起教師對於文本分析之重視。最後，本書之編撰，難免有疏漏之處，期望閱讀領域的各位先進、前輩與國語文領域教學者能提供建議，以臻完備本書。

目次

Part 1

理論篇
文本分析教學的重要性

第一章

文本結構與文本分析三層次：以〈運動家的風度〉一課為例

陳海泓[1]

壹、前言

　　閱讀是學生學習新知識以及自主學習的必備要素，也是各領域學習成功的關鍵能力。學會閱讀讓學習無所不在，運用閱讀理解策略於各領域教科書或網路資源，與文本中的新資訊互動，建構新知識，豐富學習與生命，成為終身學習者。學生必須養成大量閱讀的習慣，但同時也需要教師的閱讀策略教學來擴展閱讀複雜文本的能力，使其閱讀不偏食且更均衡（Fisher, Frey, & Lapp, 2012）。在課堂上，教師依據文本和學生年級，選擇適用的閱讀理解策略，由淺入深、由易而難、循序漸進有系統地教給學生，再輔以漸進釋放責任（gradual release of responsibility）的鷹架教學（Duke & Pearson, 2002; Fisher & Frey, 2014; Pearson & Gallagher, 1983），以確保學生能閱讀文本，且能理解文本的深層意涵，內化成自己的知識體系。閱讀理解策略的教學是奠定學生學習的基本功，策略教學增進學生閱讀理解、專注力和深度思考力的實證研究也獲得國內外學者的支持（陳海泓，2015；Duke, Pearson, Strachan, & Billman, 2011; National Reading Panel [NRP], 2000; Shanahan et al., 2010）。

---

1. 國立臺南大學教育學系兼任教授。

為落實閱讀策略教學，且不增加教師的負擔，國內閱讀教學在柯華葳教授以及臺灣師範大學、臺北市立大學、中正大學、臺南大學四所大學閱讀相關教學的教授組成研發團隊，並成立四個區域中心，同時培訓國小和國中現場教師為閱讀種子教師，融入教科書的課文本位閱讀理解策略教學應運而生，研發依據年級和不同策略教學的閱讀策略成分表，包括識字、流暢性與詞彙的識字成分策略，以及理解監控、課文大意、推論、自我提問的閱讀理解策略。「閱讀理解策略年級學習成分雙向細目表」（課文本位閱讀理解教學研發團隊，2012）（簡稱「點點表」）成為策略教學的指標，不同年級有不同的學習目標。藉由大學教授和國小種子教師一起合作開發適切的閱讀策略，融入康軒、翰林、南一版本的國語教科書課文的教案，也放置於網站（課文本位閱讀理解教學‧教學策略資料庫，2012），方便教師教學的參考與取用。

　　課文究竟適合採用何種閱讀策略來教學，學生學習才會有成效，並能靈活運用策略到未學過的文本，其首要關鍵在於文本分析。透過文本分析讓教師理解文本寫了什麼，讀出作者的寫作意圖，並深入探討文本的形式與內容，尋求文本的深層意義。文本分析是教師或讀者必須做的事情，文本本身不會呈現，而這就是教師與學生必須積極學習策略與文本分析的原因。

　　讀者在解讀文本時，是以詮釋的角度理解文本，形成自己的洞見，且沒有兩個人會以完全相同的方式理解同一文本。有些詮釋獲得絕大多數讀者的肯定，是因其具有足夠的信服力或說服力（Barnet & Cain, 2012）。教師扮演對文本詮釋的重要角色，是故如何增強自己對文本的分析力，使其具有說服力和令人信服，在策略的教學過程中愈形重要。教師應透過文本分析向學生展示如何從文本中獲取具體證據來支持他們的說法，引導學生持續聚焦在他們思考或說話的邏輯，並向學生展示如何從文本之外獲得支持或證實。教師的文本分析到哪裡，教學就會教到哪裡，顯見文本分析與教學品質有密切的相關，其重要性不言而喻。

　　國中階段的文本較國小階段更長、更複雜，更需要教師課前的文本分析與設計，讓閱讀理解策略融入文本的教學，俾便學生學會策略的運用，成為主動閱讀、深入理解的優讀者。有鑑於此，課文本位閱讀理解教學研發團隊（2018）持

續開發國中國語文的「閱讀理解策略成分表」以及「文本分析三層次：概覽閱讀、歷程分析、教學處方」，用以融入學科領域的課文中，藉此協助教師們察覺文章的深度，找出作者傳達及貫穿全文的數個概念。唯有教師了解文本的重點與深度，才能幫助學生思考文本的核心，協助學生學習。更重要的是，文本分析三層次能幫助教師預測學生學習困難處，並運用閱讀策略搭建鷹架，轉化成教學規劃，解決學生的困難，增進學生的學習力。

本文即以康軒版國中國文第三冊第七課〈運動家的風度〉一課為例，首先說明文本、文本結構的意涵及其與閱讀理解的關係；其次說明文本分析理論、文本分析三層次意涵與教學設計；再來敘述教師進行文本結構的教學步驟，引導學生認識該結構的類別，並畫出文章結構圖和書寫大意；最後說明如何應用文本分析三層次與閱讀理解策略的教學及其注意事項。

貳、文本、文本結構與閱讀理解

一、文本和文本結構的意涵

文本是作者藉由字詞、句子、標點符號和段落的安排，組織成一篇文章的內容。字詞、句子和標點符號是文章最基本的要素，段落和層次是文章最基本的結構。一篇文章不論字數的多寡，只要成篇，就必有段落。段落又名自然段，在每段開始的第一行，都要空兩格。每篇文章會由數個段落組成，一個意思表達完整就自成一個段落。但是，要表述的內容如果太多、段落過長，就會在表述的過程中稍加停頓，另起一個段落。有時候，從一個內容轉入另一個內容，需要過渡，也會另起一個段落。段落的作用就是轉折、停頓與過渡，串連出一篇文章，讓讀者清楚掌握作者的文本結構。換言之，文本是「連貫的書面訊息」（coherent written message）（Calfee & Drum, 1986, p. 835），連貫的文本是理解的根本。而文本連貫的程度依其結構而定，結構是理解的關鍵，理解一段文章就是創造一種心理結構。

文本結構（text structure）是指文本中的想法被組織的方式，即作者用於組織資訊的模式，以向讀者傳達訊息的方式（Armbruster, 2004; Dymock, 1999; Taylor, 1992）。各年齡層的讀者若想成為成功的讀者，都必須了解文本結構（Meyer, 2003）。無論是短篇文章、小說或是科學教科書中的章節，其文本結構均涉及句子、段落和全篇段落是否合乎邏輯的安排，因此文本結構扮演理解的重要角色（Meyer, Brandt, & Bluth, 1980; Taylor, 1980）。是故，教師需教導學生辨識正在閱讀文本的特定結構，藉由文本中的概念與訊息的組織方式，來進一步判斷其文本結構，例如：若是以人、事、時、地、物為撰寫對象，就發生事件經過與結果所描述的敘事文本，其結構通常劃分成背景—開始／起因—經過—結果。若是以邏輯、客觀、理性的方式，說明事理或事物的說明文本，其結構通常是總說—分說—總結。說明文本包括描述、列舉、序列、比較／對照、因果與問題解決等類型，每一類型都有自己的定義與相對應的線索詞。文本若是以主觀的方式表達對人、事、物的看法，並列舉證據或說明來支持或證實自己的說法，則是議論文本，其結構是論點—論據／論證—結論。學生有了這些知識，即可建構一個更詳細和更易記憶的文本表徵，更加理解文本。

二、文本結構與閱讀理解

文本中想法之間的從屬關係和邏輯關係就是文本結構或組織（Armbruster, 2004），清楚理解文本結構能幫助讀者建立一個連貫的文本模式。因此，教導學生如何識別這些結構可以提高他們對文本的理解（Dymock, 1999; Gersten, Fuchs, Williams, & Baker, 2001; Meyer et al., 1980; Pearson & Fielding, 1991）。由於文本結構是整合及連貫文本的想法與訊息的組織方式，對文本結構的覺察與辨識有助於學科內容學習、閱讀理解與記憶（Cook & Mayer, 1988; Duke & Pearson, 2002; Hall, Sabey, & McClellan, 2005; Williams, 2005）。具備文本結構知識的讀者，記住文本中的重要訊息會多於不重要訊息，尤其是能辨識和記住文本中大多數重要的資訊（Dickson, Simmons, & Kameenui, 1998），例如：改編自歷史教科書的文

本，將其內容依據問題／行動／成效敘述的文本架構，學生在閱讀後，其表現較閱讀原本教科書文本的學生有較佳的記憶，並能正確回答更多的問題（Beck, Mckeown, Sinatra, & Loxterman, 1991）。研究顯示：文本組織和結構的教學對學生的文本理解和寫作有正向的影響（Armbruster, Anderson, & Ostertag, 1987, 1989; Meyer & Wijkumar, 2007; Pearson & Duke, 2002; Raphael, Kirschner, & Englert, 1988; Shanahan, 1988）。文本結構教學的閱讀理解及其結構知識能轉移到新的學習情境，並能運用到新的內容文本上（Broer, Aarnoutse, Kieviet, & van Leeuwe, 2002; Palincsar & Duke, 2004; Williams, Hall, Lauer, Stafford, DeSisto, & deCani, 2005）。研究指出，小學二年級的學生就可透過明確的文本結構教學提升學業成績，為往後的年級所遇到愈來愈複雜的文本奠定良好的基礎（Roehling, Hebert, Nelson, & Bohaty, 2017; Williams, 2017）。

　　文本結構不僅描述了不同文體的特定組織方式，還描述了其他一般修辭結構的組織方式，以及優讀者在連貫表徵中發現的認知方式（Clark, Jones, & Reutzel, 2013; Kintsch & Kintsch, 2005; Meyer & Wijkumar, 2007）。文本結構是各年級閱讀理解教學的重要成分，更重要的是要儘早開始（Williams, 2017）。學生可以閱讀多種不同的文本類型卻不能完整理解其意義，是因為他們不知道文本的各種結構。但是，如果他們了解不同的文本結構類型，他們就會知道閱讀要注意的重點是什麼，以便創造更佳表達文本意義的心理表徵（Dymock, 1999）。證據導向的研究強烈建議：學校教師宜明確地將文本結構作為閱讀理解教學的重要部分（Shanahan et al., 2010）。但並非所有的文本都有良好的結構（Armbruster, 1984），教師更需教導學生理解該文本的結構，此亦可間接幫助他們辨識寫得好與不好的文本。文本結構覺知是增進閱讀理解的有效策略，教師應該明確且系統性的教導給學生（Snow & Sweet, 2003）。教師宜篩選、透過同一類文體結構的不同文本，有系統的教導學生認識此類型的文本結構；先從較典型的結構、較易判斷結構的文本開始教起，降低學生學習難度。透過教師的示範、教師引導學生練習與回饋，以及學生獨立練習，讓學生熟悉文本的結構。意即選擇同一文體，透過不同的文本內容，以漸進釋放責任的教學方式，增進學生對該結構的認識，

待學生精熟後，再學習另一種文本結構。

參、文本分析與文本分析三層次教學設計

一、文本分析的意涵

文本分析是指分析文本的內容和型式，以了解作者寫作的意圖和文本的深層意義。文本分析的目的不僅是理解作者文本表層的字面意涵，更需推論、深入到文本的深層理解，以發現淺層或一般閱讀所不能掌握的深層意義。文本結構是作者有關字詞、句子、段落、全篇組成一個合乎邏輯性、連貫性、一致性的整體。然而，讀者在閱讀理解文章時，若段落太多，較不易掌握意義。此時，可將文本中描述相同或類似事件的鄰近自然段的內容，歸納統整在一起，合併成一個新的段落，此稱之為意義段。此時的意義段形成自然段的上層結構，自然段是下層結構，這種自然段與意義段之間的上、下兩層結構，稱之為二階。但是有些文本，自然段即是意義段，此時的段間結構即是一階。

文本結構特徵的研究顯示，文本分析有下列三個層級（Dymock, 1999; Meyer, 1975; Meyer & Rice, 1984）：

第一層級是微觀命題層級（microproposition level），有時稱為微觀結構（microstructure）。這是文本結構的最低層級，聚焦在句子與句子之間的關係，句子的連貫性以及句子的組織方式。每個新資訊項目，無論是句子的一部分或是整個句子，都與前面和後面的句子相關。連貫性的方法之一是透過字詞的轉換，例如：「而且」、「另一方面」、「但是」等這些字詞，讓讀者知道此句與前一句話的關係。在此層級，結構是文本最細節的表徵。

第二層級是巨觀命題層級（macroproposition level），有時稱為巨觀結構（macrostructure）。這裡關注的是主要觀點，代表著文本較大的部分，如段落。巨觀命題層級代表了文本的整個意義，或稱文本的要點，其關注的是段落的大意或主題句。

　　第三層級是頂層結構（top-level structure），有時稱為基模的超結構（schematic superstructure），指的是文本的整體組織原則。巨觀命題層級位於頂層結構中。頂層結構就像建築師的圖畫設計，將文本內容納入設計中。依據文本內容材料（如研究報告、敘事、描述的文本、說明的文本、議論的文本）而有不同的設計，例如：作者可以使用序列設計來編寫有關帝王蝶生命週期的說明文本。序列設計即是作者在編寫文本時遵循的頂層結構。

二、文本分析三層次的意涵與教學設計

　　課文本位閱讀理解教學研發團隊（2018）將文本分析的三個層級運用在教學上，發展出文本分析三層次。文本分析三層次意指一課課文或一篇文章透過教師課前的文本分析，先從頂層結構的概覽閱讀了解文本結構，進到巨觀結構的段落分析和微觀結構的歷程分析。藉著逐句讀以及句子之間和段落之間的關係，預測學生不懂的地方，尋找閱讀理解策略來解決困難處，並轉化成教學處方。文本分析三層次及其教學設計，如表 1-1 所示。

表 1-1　文本分析三層次的教學設計

文本分析三層次歷程	具體作法
一般讀法	1.整體結構（這篇文章在寫什麼？找出概念）
歷程分析	2.逐句讀（注意連接詞、轉折詞、學科詞彙）
	3.句與句、段與段之間讀起來順不順，以及閱讀後形成的表徵
	4.找出不懂的地方
教學處方	5.針對不懂的地方找策略解決，轉化成教學規劃

　　由表 1-1 可知，文本分析三層次包括一般讀法、歷程分析和教學處方的歷程，以及具體作法的五個步驟。由於文本分析或詮釋文本的關鍵點在於讀者，一般讀法所獲得的第一印象其實相當主觀，若透過教師共備時的互動與分享，即可從多個角度理解文本內容，增加理解的深度，並分析出教學的重點。就具體作法

的五個步驟，稍做說明如下。

步驟1，找出整體結構可以協助理解文章內涵，主要是依據脈絡找出主題與重點。要注意的是：不要為了套用固定的模式，反倒忽略了文章想要表達的內容。至於步驟2逐句讀，除了注意連接詞和轉折詞之外，還要注意學科詞彙的處理。步驟3的句與句、段與段之間讀來順不順，意指整理句或段之間的關係；表徵本有各種形式，閱讀後形成的表徵，則為形成文本結構。

步驟3和步驟4的目標是要尋找「理解缺口」。影響理解缺口的原因包括：文本本身的連貫性、學生背景知識的有無。步驟2、3、4是遞迴，不斷重複進行。由於步驟1形成的結構可能很片面，可以經過步驟2、3、4的歷程，再回頭修改步驟1的概念。步驟4找出不懂的地方，是指對一般學生而言；至於對程度較高的學生，可進一步思考怎樣可以讓學生更深入的理解。

步驟5針對學生可能不懂的地方，思考可用適當的閱讀理解策略來協助解決問題，透過教學，逐步引導學生遇到問題時可以自己解決。

是故，文本分析三層次教學設計的主要目的除了理解文本寫了什麼、讀出文本的型式——語言和結構、讀出作者的用意、尋求文本的深層意義之外，教學者更需就文本內容，找出作者組織資訊、傳達全文的數個重點，形成教學重點，以及預測學生學習困難處，思考運用閱讀理解策略搭建鷹架教學，轉化成學生的自主學習能力。教師扮演對文本詮釋的重要角色，不僅需具備文本分析、詮釋文本的能力，還需了解學生的先備知識、教學目標、教學策略與閱讀理解策略，以及明確、漸進釋放責任的鷹架教學設計。藉此高品質的國語文教學，增進學生的閱讀知能，豐富學生的閱讀經驗。

文本分析三層次的教學設計，不僅適用在語文科，亦可融入各學科領域的課文中。文本分析即是對文本的解構與重組的基礎，以便更深入地理解文本中的想法，是增進閱讀理解的有效策略（Armbruster, 1986; Kletzien, 1991; Kletzien & Dreher, 2004）。教師都希望學生成長成為一位有效能的閱讀者，能掌握與閱讀愈來愈具有挑戰性和複雜性的書籍、故事、期刊文章、詩歌、散文和電子文本。他們不僅僅要能閱讀，還要能夠理解和分析。學生不只是在教師的教學指導下讀

懂文本、理解和分析複雜的文本，更要自己能獨自這樣做（Collier, 2013）。研究亦指出，分析文本結構也可以是一種有用的策略，可用來教導學生如何撰寫有組織的、良好結構的文章（Armbruster et al., 1987; Clark et al., 2013; Williams, 2018）。

「畢竟，每一個文本都是一部懶惰的機器，要求讀者對作品做一些事」，直接講述了文本分析教學背後的美麗和挑戰（"Every text, after all, is a lazy machine asking the reader to do some of its work," speaks directly to the beauty and challenge behind teaching literary analysis.）（Eco, 1994）。如同 Angela Carter 所言：「讀一本書就像為自己重寫一本書……你帶來了一本小說，你讀過的任何東西，你所有的世界經驗。你帶入你的歷史，並以你自己的方式閱讀」（引自 Barnet & Cain, 2012, p. 89），此足以說明每個人在文本分析與詮釋文本的差異。文本分析就是對文本做分析，將其拆解開來，觀察此文本是如何被組織出來；而文本詮釋，即是要結合文本及讀者的背景知識對文本作一番意義的解釋和闡述（游美惠，2000）。詮釋意指對文本意義的闡述，更適切的定義是對文本的一個或多個意義的闡述。儘管一些評論家認為文學作品具有單一的意義，即作者對作品的意義，但大多數評論家都認為作品有多種意義，例如：作者對作品的意義、作品對它的第一批讀者（或觀眾，如果作品是戲劇）的意義、它對後來讀者的意義，以及它對當今我們的意義。是故，教學前教師的共備，從個人的文本詮釋著手，經與教師的互動與分享，增加理解的深度，更顯現其意義性與重要性。

肆、文本結構的教學歷程

文本結構是文本分析三層次的頂層結構，教學步驟是在學生概覽全文後，教師先讓學生標示出自然段段號，並摘要自然段各段落的大意或主題句。爾後，教師說明意義段概念，引導合併全文自然段成數個意義段，並分析意義段與段落之間的關係來確認結構。辨識文本結構的教學步驟如圖 1-1 所示，詳細步驟說明如下。

圖 1-1　文本結構教學流程圖

一、概覽全文

學生閱讀或默讀全文至少一遍，了解該篇文章在寫什麼。

二、自然段摘要

教師告訴學生文章是由自然段組成，每個段落在開始會空兩格，結束會換段。以〈運動家的風度〉一文來看，共有 8 個自然段，請學生在每一個自然段前方標上 1～8，代表每一段的段號。而後就每一自然段摘要大意或主題句如下：

第一段——說明運動和健康體力的重要。

第二段——說明健全的心靈，寓於健全的身體。

第三段——闡述運動的道德意義，然後引入題旨「運動家的風度」。

第四段——說明運動家的風度是君子之爭。

第五段——說明有風度的運動家要有服輸的精神。

第六段——說明有風度的運動家要有超越勝敗的心胸。

第七段——說明有風度的運動家要有貫徹始終的精神。

第八段——把運動風度運用到人生上。

三、自然段合併成意義段

教師說明自然段要合併成意義段的方法，是經由分析文章內容，找出段落與段落之間的關係，把描述相同或類似事件的鄰近自然段，合併成一個新的段落，

該大段落即稱為「意義段」。本篇文章的標題是〈運動家的風度〉，第一段說明運動和健康體力的重要，接著在第二段引用希臘名言「健全的心靈，寓於健全的身體」，進而在第三段說明運動的道德意義，這就是作者所強調的運動家的風度。緊接著，作者開始說明運動家的風度是君子之爭、有風度的運動家要有服輸的精神、要有超越勝敗的心胸、要有貫徹始終的精神。最後一段是把運動風度表現在人生上，寧可有光明的失敗，絕不要不榮譽的成功。因此，我們可以把第一到第三段合併為一個意義段，第四到第七段合併為一個意義段，第八段自成一個意義段。值得探討的是，教師或學生可能會因為對文本的解讀不同，而有不同的意義段組合。

四、意義段摘要與命名

第一到第三段，作者分別說明運動和健康體力的重要，並引用希臘名言「健全的心靈，寓於健全的身體」，而後說明運動的道德意義，即是運動家的風度。摘要此意義段的重點即是提倡運動，更要提倡運動家的風度。

第四到第七段，作者舉例分別說明：有風度的運動家是君子之爭、有風度的運動家要有服輸的精神、有風度的運動家要有超越勝敗的心胸、有風度的運動家要有貫徹始終的精神。此意義段的大意即是說明，有風度的運動家具備的修養和表現的行為。

最後一段，總結運動家的風度和人生的關係。此意義段的大意即是總結運動家的風度，養成人生的正當態度。

從上述摘要出三個意義段的大意後，可進一步看出意義段與意義段之間的關係。第一個意義段說明運動的重要和運動家的風度，這是作者自己提出的觀點。第二個意義段分別舉出中外名言和事例，說明運動家的風度，以及如何養成有風度的運動家。最後一個意義段總結運動家的風度表現在人生上，是一個莊嚴公正、協調進取的人生。我們進一步為這三個意義段各提取其上位概念，第一個意義段可命名為論點、第二個意義段可命名為論據、第三個意義段可命名為結論。因此，三個意義段之間的關係是論點─論據─結論。

五、說明文本結構類別

本篇文章係由作者先提出自己的論點，然後分段舉例說明與論點相關的言例或事例的論據，最後再提出總結。論點—論據—結論的文本結構，即是典型的議論文本表述。

由這種先對事物的全貌作總體敘述、說明，或者在開頭提出中心論點，然後再予以分層具體敘述，並舉例說明與論點相關的概念訊息或特徵，最後再提出總結。這種總說—分說—總說類型的結構，就屬於列舉結構。

六、畫文本結構圖和書寫大意

教師據此畫出本文的結構圖，如圖 1-2 所示。此結構圖亦可改畫成一般所見的樹狀圖或階層圖，如圖 1-3 所示。並依據意義段摘要，討論寫出本課大意。

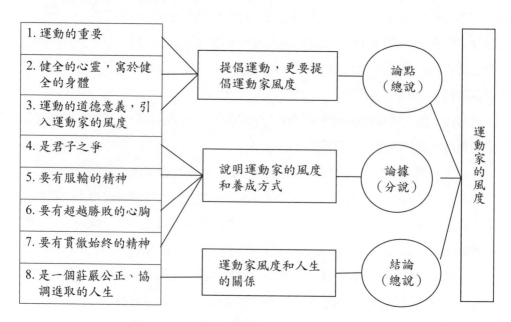

圖 1-2 〈運動家的風度〉一文的文本結構圖

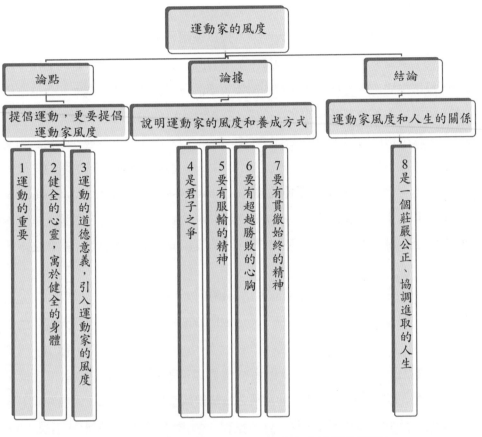

圖 1-3 〈運動家的風度〉一文的文本結構階層圖

本課大意可統整為：「運動和健康體力是個人成功和民族生命力的基礎；健全的心靈，寓於健全的身體；而運動的道德意義，即是作者所謂的運動家的風度。運動家的風度是君子之爭，有風度的運動家要有服輸的精神、要有超越勝敗的心胸、要有貫徹始終的精神。運動風度表現在人生上，是一個莊嚴公正、協調進取的人生。」

至此，文本分析梳理文本內容的意義，也將文本內容簡單視覺化，讓文本的意義與重點更清楚的表達出來，如同鷹架作用般支撐學生的閱讀理解能力。在108 國語文課綱中，國中文本表述包括：記敘文、抒情文、說明文、議論文和應

用文。記敘文本是以人、事、時、地、物為敘寫對象；抒情文本是由主體出發，抒發對人、事、物、景之情感；說明文本是以邏輯、客觀、理性的方式，說明事理或事物；議論文本是以論點、論據、論證方式，表達對人、事、物的看法；以及因應日常生活、人際往來與學習的需要，靈活運用各種表述方式而產生的應用文本，每種文本都有其基本的文本結構。在現今的自由民主社會，議論是用以討論社會、政治和道德議題的重要工具（Knudson, 1992），因此教導學生對議論文本理解的重要性不言而喻。但研究指出，由於學生缺乏議論文和主題的先備知識，並不容易理解議論文中延伸的論據（Chambliss, 1995; Haria, MacArthur, & Santoro, 2010; Knudson, 1992）。以〈運動家的風度〉一文而言，透過上述文本結構的教學，學生不僅能辨識議論文體、了解其組成要素，也具備了該類文本的基模。

基模（schemata，複數 schema）是個體用以適應和組織周遭世界的認知結構，也是人類吸收知識的基本架構（Ruddell, 2008）。基模是貯存在大腦中的知識結構，可以是一種觀念或是各式各樣的知識。Lally（1998, p. 271）指出，「文本本身沒有任何意義，文本提供讀者從他們以前獲得的知識中檢索和建構意義」，這種「以前獲得的知識」通常稱之為基模或者是背景知識（先備知識）。閱讀要理解至少需具備兩種基模：內容基模（content schema）和形式基模（formal schema）。內容基模是指讀者的一般知識或主題知識；形式基模是讀者對文本結構或修辭形式的認識（Chang, 2002）。基模理論的閱讀是將傳入的資訊與讀者的先備知識互動的過程，意即將文本中遇到的新資訊與舊知識連結起來，以建構意義的互動過程（Pearson, Roehler, Dole, & Duffy, 1992）。

因為知識是有意義的組織，是從已知（基模）藉著閱讀（和經驗）建構意義，只有當讀者的先備知識和新資訊的橋梁建立起來，讀者才能理解文章。研究顯示：閱讀有困難的學生對文本結構的知覺極為有限，具備極少的文本概念（Hare, Rabinowitz, & Schieble, 1989）。要辨識較高層次的文本結構，就需要幫助讀者組織文本（Kintsch & van Dijk, 1978）。當學生具備說明文本的結構基模，就可以了解說明文本的結構與內容，增進閱讀理解，而且可以有效寫出該文體的

文章（Meyer et al., 1980; Pearson & Dole, 1987; Roehling et al., 2017; Taylor & Beach, 1984）。同理，對議論文基模的覺知可以使讀者準確地了解作者寫作的目的與意義，還可以幫助組織後續文本並導入一致性的推論（Larson, Britt, & Larson, 2004）。透過明確的議論文本結構教學，學生有機會學習理解策略、參與有意義的對話來理解不同的觀點、且批判性地分析議論文本，對文本能有更深入的理解（Haria et al., 2010）。

伍、文本分析三層次與閱讀理解策略教學設計

教師完成頂層結構之概覽閱讀而了解文本的基本結構後，可再分段仔細閱讀文本，進行巨觀結構與微觀結構的歷程分析，融入閱讀理解策略的教學，以解決學生不懂的地方。閱讀要能成功，除了必備的語言處理能力外，若要能對文本做更深入意義的探索或詮釋性的反應，讀者就需具備更高層次的閱讀理解策略，例如：在閱讀時做推論及運用文本結構來確定重要的訊息，才能在文本資訊與相關的背景知識之間做有意義的連結，產出文本中沒有明顯陳述的資訊，進而將舊經驗與新知識做有效的連結，來累積新知識。綜上，閱讀理解策略扮演閱讀理解的重要角色，因為讀者要利用策略來建構心理表徵及解釋文本中的情境（Graesser, 2007; Graesser, Singer, & Trabasso, 1994）。閱讀理解策略教學是提升學生閱讀理解能力的有效方式（陳海泓，2015；Duke et al., 2011）。

策略是讀者為完成特定任務或技能而採取的刻意、努力、有意和有目的之行動，策略使閱讀中經常看不見的工作變得可行且可見（Serravallo, 2015）。美國 National Reading Panel（2000）的後設研究分析指出，有七種班級閱讀策略能提升學生的閱讀理解能力，分別是理解監控、合作學習、概念構圖、故事／文體結構、回答問題、自我提問和摘要。此與課文本位閱讀理解教學研發團隊開發的閱讀理解策略教學（課文本位閱讀理解教學・教學策略資料庫，2012），如理解監控、課文大意、自我提問與推論能力相符合。這些策略能促進學生對課文的深度理解，有效增進學生的閱讀能力與思考能力。

針對文本分析三層次的巨觀結構與微觀結構歷程分析，教師應精讀文本找出學生不懂的地方，進行策略教學。為聚焦在閱讀理解策略，本文不列生字、詞彙的不懂，只列舉文義不理解之處。以下以〈運動家的風度〉一課為例，說明如何結合閱讀理解策略解決學生不懂的地方。

一、歷程分析

先針對文本各段落進行歷程分析，找出學生可能在文本內個別段落或跨段落不懂的地方，教師再針對不懂的地方，進行策略教學。若教學時間許可或教學必要時，教師也可提供學生相關的背景知識來探討文本內未提及卻與主題相關的資訊，協助學生更深入文本內容。

（一）文本內不懂的地方

1.個別段落不懂的地方

(1)代名詞、轉折詞的不懂——

第一段：個人、大家。

(2)語意的不懂——

第三段：作者為什麼認為運動家的風度可以陶鑄優良的民族性？

第五段：羅斯福與威爾基的競選，誰是有風度的運動家？為什麼？

第八段：有運動家風度的人，寧可有光明的失敗，決不要不榮譽的成功！

2.跨段落不懂的地方

(1)代名詞、轉折詞的不懂——

第三段：這些、此、它。

(2)語意的不懂——

第三段：作者為什麼認為運動家的風度和政治家的風度有關係？

全文：什麼才是運動家的風度？請從文本中找出支持的理由？

（二）文本內未提及——連結背景知識

第二段：作者為何引用古代希臘人「健全的心靈，寓於健全的身體」的說法？道理何在？

二、教學處方

個別段落或者是跨段落不懂的地方，若可以使用同一個策略解決，則列在一起，以節省篇幅，例如：代名詞、轉折詞的不懂，可以透過推論策略：連結線索來協助學生解決不懂的地方。若是語意不懂，擬以推論：由文本找支持的理由，或是推論：連結文本內的句與句之間或是段落之間的關係，來進行策略教學。分述如下。

（一）推論策略：連結線索

此策略是指必須從不同的句子中找出相互對應的詞彙或概念，相互連結，形成有意義且連貫的心理表徵。連結線索策略包括：指示代名詞、轉折詞。同一段內的連結線索，學生略加推論即可解決，如第一段：

> 提倡運動的人，以為運動可以增加 個人 和 民族 體力的健康。是的，健康的體力，是 一生努力成功的基礎 ，大家 體力不發展，民族的生命力也就衰落下去。

這一段有兩句，可從同一段不同的句子中找出相互對應的代名詞。第二句中的「一生努力成功的基礎」是指第一句的「個人」；第二句的「大家」是指第一句的「民族」，意即健康的身體對個人而言是成功的基礎，民族要強盛，每個人都需要有健康的體力。

課文第三段則是從不同段落來連結線索，說明如下：

這些 都是對的，但是 運動的精義，還不只 此。它更有 道德的意義，這意義就是 在運動場上養成人生的正大態度、政治的光明修養，以陶鑄優良的民族性。這就是我所謂 「運動家的風度」。點題

這一段有三句。第一句，「這些都是對的，但是運動的精義，還不只此」。「這些」指的是前兩段所提到的運動可以增加健康的體力、奠定成功的基礎、強盛民族的生命力、身體健康是健全心靈的基礎等。「還不只此」的「此」，指的是「這些」，意即運動對身體和心靈的影響以及對個人成功和民族生命力的影響。「但是運動的精義」的「但是」是轉折詞，強調運動的精要義理。

第二句，「它更有道德的意義，這意義就是在運動場上養成人生的正大態度、政治的光明修養，以陶鑄優良的民族性」。指示代名詞「它」指的是第一句的「運動的精義」，運動的精義更有道德的意義，道德的意義就是在運動場上養成人生的正大態度、政治的光明修養，以陶鑄優良的民族性。「更有」意指運動的實質意義提升到精神層面，如個人的人生態度、政治修養，以及民族性的培養。

第三句，即是最後一句，「這就是我所謂『運動家的風度』」。「這」指的是運動的「道德意義」，也就是作者所謂的「運動家的風度」，此即是作者的論點，也是本文的標題。

（二）推論：連結文本內的關係

此策略是引導學生分辨合理的各類句型，並說明前後句／段落的關係，進而能使用各類句型找出課文段落內或跨段落間的關係。以課文第四段最後一句為例：

因
犯規的行動，雖然可 因此得勝，果 且未被裁判者所覺察，然而這是有風度的運動家所 引為恥辱而不屑採取的。

這是指同一句子內的因果關係。因為犯規的行動，因此得到勝利的結果，而且沒有被裁判覺察，這是有風度的運動家所引為恥辱而不屑採取的。又以課文第五段第六句和第七句為例，

> 　　　　　　　　　　　　　　　（因）　　　　　　　　　　（果）
> 歐美先進國家的人民，│因為受了運動場上的訓練，││服輸的精神是
> 很豐富的。││這種精神，│常從體育的運動場上，│帶進了政治的運動場上。│

因為受了運動場上的訓練，結果是歐美先進國家的人民具備豐富的服輸精神。「這種精神」指的是服輸的精神，因為服輸的精神豐富，結果是帶進了政治的運動場上。

（三）推論：由文本找支持的理由

由文本找支持的理由意指作者在文章中提出某個想法或觀點，或是讀者根據文本內容整合出某些想法或觀點，而這樣的想法或觀點要能從文本中找到支持的理由。文本第三段如下：

> 　　這些都是對的，但是運動的精義，還不只此。它更有道德的意義，
> 這意義就是在運動場上養成人生的正大態度、政治的光明修養，以陶鑄
> 優良的民族性。這就是我所謂「運動家的風度」。

學生可能不懂的地方是：為什麼作者認為運動家的風度可以陶鑄優良的民族性？說明如下：

作者在文本中即明確寫出：運動的精義，更有道德的意義，這意義就是在運動場上養成人生的正大態度、政治的光明修養，以陶鑄優良的民族性，而這些就是運動家的風度。筆者推論作者會這樣寫，是因為一般人參加比賽都想贏得勝利或創造新紀錄，但是作者認為在各項運動比賽和競爭中，培育參賽者優良高尚的品格和真誠的態度，遠比競賽的結果更為重要。透過運動的過程，不僅增進身心

的健康，更能在運動場上養成人生的正大態度，也因而在參與政治競賽時，能有政治的光明修養，這些都遠比獎牌和名次更為重要。藉著培養「運動家的風度」，來增進國人的優良品格，因此同一個民族就會受到同一文化的影響，表現出來的行為舉止和操守、政治修養和風度、本土與國際觀就能陶鑄優良的民族性。學生從文本該段落中就可以找到支持的理由。

又如，在第五段中，羅斯福與威爾基的競選，誰是有風度的運動家？為什麼？文本第五段如下：

> 有風度的運動家，要有服輸的精神。「君子不怨天，不尤人」，運動家正是這種君子。按照正道做，輸了有何怨尤。我輸了只怪我自己不行，等我充實改進以後，下次再來。人家勝了，是他本事好，我只有佩服他，罵他不但是無聊，而且是無恥。歐美先進國家的人民，因為受了運動場上的訓練，服輸的精神是很豐富的。這種精神，常從體育的運動場上，帶進了政治的運動場上。譬如這次羅斯福與威爾基競選，在競選的時候，雖然互相批評；但是選舉揭曉以後，羅斯福收到第一個賀電，就是威爾基發的。這賀電的大意是：我們的政策，公諸國民之前，現在國民選擇你的，我竭誠地賀你成功。這和網球結局以後，勝利者和失敗者隔網握手的精神一樣。此次威爾基失敗以後，還幫助羅斯福作種種外交活動，一切以國家為前提，這也是值得讚許的。

學生可以從第五段文本中得知，威爾基是有風度的運動家，有以下的理由支持著：(1)威爾基有服輸的精神，此服輸的精神是因為運動場上的訓練，帶進了政治的運動場上；(2)選舉揭曉以後，羅斯福收到的第一個賀電是威爾基發的；(3)威爾基雖然競選失敗，還幫助羅斯福從事種種外交活動，一切以國家為前提。

至於跨段落不懂的地方，如前所述「作者為什麼認為運動家的風度和政治家的風度有關係？」也可利用跨段落的推論找到支持的理由。

學生在文本第三段可能不太懂為什麼運動家的風度和政治家的風度有關，讀

到第五段即可找到答案。在第五段中，作者提到有運動家風度的人，要有服輸的精神。這種精神，從體育的運動場上，帶進了政治的運動場上。如羅斯福與威爾基的競選，選舉揭曉後，威爾基敗選，卻是第一個發賀電給羅斯福，而且還協助羅斯福進行外交活動，一切以國家為前提。跨段落的推論即找到支持的理由。

本文為議論文，作者從運動的重要，點出提倡運動家風度的論點，並以「有運動家風度的人，寧可有光明的失敗，決不要不榮譽的成功」做為結論。研究指出，學生不易理解議論文中的論點（Chambliss, 1995; Haria et al., 2010），因此可以讓學生跨段落從文本中找出論據。

這時可從文本中的第四段、第五段和第六段找到支持的理由，說明如下：

（第四段）運動家講求所謂的君子之爭是光明的，運動要從公開競爭中求得勝利。暗箭傷人、占小便宜都是排斥的，以犯規的方式獲勝是恥辱、不屑採取的。

（第五段）要有服輸的精神，不怨天，不尤人。輸了只怪自己不行，等我充實改進以後，下次再來。人家勝了，是他本事好，我只有佩服他。

（第六段）要有超越勝敗的心胸，達到得失無動於衷的境地。運動所重，乃在運動的精神，「勝固欣然，敗亦可喜」，就不會有不榮譽的成功。

（四）文本外：連結背景知識

此策略是文本內未提及，讀者需利用己身的先備知識、背景知識等來和文本做連結，探討文章內容與主題間的相關。以文本第二段為例：

> 古代希臘人以為「健全的心靈，寓於健全的身體」，這也是深刻的理論。身體不健康，心靈容易生病態，歷史上、傳記裡和心理學中的例證太多了。

這一段有兩句，說明健康的身體是健全心靈的基礎。然而，作者為何引用古代希臘人「健全的心靈，寓於健全的身體」的說法？道理何在？

作者在文本中並未說明為何引用古代希臘人的說法「健全的心靈，寓於健全的身體」來佐證健康的重要，但是讀者若連結希臘是奧林匹克運動會發源地的背景知識，就可知道作者為何會引用之。奧林匹克運動會最早起源於西元前 776 年的古希臘，後來希臘被羅馬人攻占，奧運活動被羅馬君王禁止。直到 19 世紀末，法國教育家 Pierre de Coubertin 認為，宏揚古代奧運精神可以促進國際體育運動的發展。在其努力之下，於西元 1896 年在希臘雅典舉行第一屆現代奧林匹克運動會。現代奧林匹克運動會是目前最大的體育團體組織，有超過二百個會員單位，每四年一屆分別在世界各地舉辦，影響力更是超越聯合國。這些資訊作者在文本內未曾提及，讀者需具備希臘為奧運發源地的背景知識，始可知道作者談到運動，就以古希臘人的想法來佐證，增強文章的說服力，也擴大讀者的視野。

　　文本分析三層次能讀出文本中的深層意涵，思考學生不懂的地方，進而採用適切的閱讀理解策略，協助學生理解文本。閱讀理解策略的教學絕對不只是語文科教師的責任，必須是跨學科的，在不同領域課程中，有系統的引導學生閱讀不同種類的作品和不同領域的課程內容，藉著深度閱讀與討論、批判資訊的正確性，以及學習整合不同來源的資訊來學會自主學習。透過漸進釋放責任的鷹架教學模式，從教師示範及解釋策略、搭鷹架引導學生小組合作練習策略、到撤鷹架的學生獨立練習策略。一次教導一種策略，學生學會運用與統整策略的能力，就能從教師傳輸知識逐漸轉移到學生主動學習獲得知識。藉此高品質的閱讀教學，豐富學生的閱讀基模，而閱讀基模是心智的結構，是學生用以建構閱讀意義的所有經驗（McNeil, 1992）。

陸、文本分析教學注意事項

　　「文本分析」不但保有文本內容的意義，也呈現出讀者對文本內容的理解程度，更將文字為主的文本內容簡單視覺化，讓文本的意義與重點更清楚地表達出來。從探索文本的表層意義和深層意義，到文本分析能如鷹架作用般支撐學生的閱讀理解能力。

　　明確、直接的策略教學是一種結構化、系統化和有效方法來教導策略或技能，學生學會策略後，遇到文本不懂的地方，能自行採用適切的閱讀理解策略來解決不懂之處。這種教學的特徵是以一系列的支持或鷹架，透過學習過程指導學生，明確說明學習新策略或新技能的目的和理由。在教學中，教師解釋和示範教學目標和教學流程，並給予足夠的時間和機會，引導學生練習愈來愈長和愈困難的段落。在學生學習過程中，教師監控並給予學生正確的回饋與支持實踐，直到學生能獨立完成（Archer & Hughes, 2011; Armbruster et al., 1989）。透過明確的教學和示範，學生理解教師文本分析背後的概念，他們的學習難處透過文本分析的示範解決了，教學活動也變得清楚（Tramantano, 2017）。學生學會策略性地使用不同形式的知識，例如：陳述性知識（什麼是事實，真實資訊）、程序性知識（如何完成或執行某些事務），以及條件知識（何時、何地使用該技能）。

　　文本分析形成的論點藉由不斷的回顧文本，以找到支持理由的證據。證據可以是直接的或暗示的，但隱含的證據更具挑戰性。如果學生不熟悉推論這個概念，特別是閱讀能力較弱的學生，除非老師能成功地搭鷹架，否則難以學會這種策略。運用文本分析讓學生在詮釋的過程中，能有意義的思考。文本詮釋不僅是在文本的各個元素之間建立連結、在文本和作者的其他作品之間建立連結、也在文本和文化情境之間建立連結（Barnet & Cain, 2012）。教師可以使用各種策略或方法來支持課堂上的文本分析，說明如下。

一、示範放聲思考

　　放聲思考是教師說出自己腦海中如何從文本中獲取意義的方法。示範不是講課，是為學生真實說出自己是如何對文本進行分析與詮釋的方法，幫助他們能更佳掌握如何處理文本。

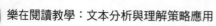

二、說明協作詮釋方式

文本的分析與詮釋會依據個人的解碼能力、語言理解、背景知識和文本結構知識而有所不同。每個人可能會各自發展自己對文本閱讀的分析與詮釋，對文本中重要的內容可能看法不一樣。因此，教師可讓小組每位學生在便利貼上寫下他們對文本的想法。每位學生使用不同顏色的筆，並以所選顏色在便利貼上寫下姓名。這種以顏色編碼，教師一看即知道是誰寫了什麼，鼓勵學生在此過程中透過與同儕互動來協作詮釋。

三、協作探究文本分析

透過學生異質小組（3～5 人一組）協作分析文本，學生藉著跟同儕陳述自己的觀點，來澄清自己的想法，例如：對文本的解讀不同，而有不同的意義段組合。在彼此分享詮釋的過程中，傾聽同儕的詮釋，也可能會激起反思文本中關鍵的資訊或發現文本中隱含的意義，因此能更佳理解文本。協作探究文本分析，學生變成主動的學習者，加深他們對文本的理解，並享受社交互動所帶來的樂趣。在小組探究時，教師在各小組間走動，幫助那些需要協助的小組或學生。透過直接教學和小組合作多元機會來處理文本，學生能更深入、更自信地分析文本。

四、全班分享文本分析

教師要求學生寫下對文本的回應，並請學生分享小組的回應，這種有意義的課堂對話是促進文本分析的最佳方法之一（Tramantano, 2017）。教師還可以給每位學生一張問卷，詢問他們對文本分析的看法。針對學生回覆的意見，做為下次文本分析教學的參考。

五、善用閱讀的經驗法則

所有的優讀者都會分享一些簡單的策略，以及對文本中的特殊片段給予特別關注的策略，例如：

1.仔細思考文本的開始和結束，以及各段的開頭和結尾。在文本中，這些特別位置的詞句通常包含一些重要資訊。

2.思考為什麼作者會用這種方式來寫標題？文本的標題是否提供了主要想法的線索，即文本的主題？

3.主題是什麼？主要觀點是什麼？仔細思考作者一再重複的任何說法。

4.仔細觀察作者在主題處理中，特別強調的看法或衝突。

5.嘗試以作者思考的方式列出各種可能的假設。你能想到之前讀到的書本或文章中，有哪些是與作者不同的假設？你同意誰？為什麼？

6.是否有任何令人信服的細節，可以引發你生動的回憶或強烈的情緒？

7.一再重複閱讀。

8.就閱讀的內容嘗試與同學或朋友進行對話，在對話的自然互動中可能會出現各種意想不到的見解。

9.持續不斷重讀，找到不同意作者的說法。

10.透過將文本與其他相關的文本放在一起來建構上下文情境的習慣。

六、設計文本分析檢核表

檢核表提供學生小組或個人文本分析時更多的指南，以確定是否達成預定的目標。項目如下：

1.我是否夠了解這文本？例如：我是否查明我不熟悉的詞彙意義，以協助我做深思熟慮的詮釋？

2.我是否與同學討論過這文本？或者至少是我自己多次深入的思考，以便可

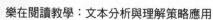

以合理地相信我的詮釋是有道理的？

3.我的論點是什麼？我的主旨是什麼？我能用句子說出來嗎？

4.我是否引用文本中的文句作為證據支持我的論點？

5.我是否想過可能與我的論點相矛盾的證據？

6.我是否明確的記下所引用的詞彙和想法的資料來源？

　　教師教導學生閱讀時，要不斷的自問自答，從事實型問題到推論型、評論型問題，例如：「它說什麼？」、「這是什麼意思？」、「它為什麼如此重要？」、「你同意／不同意嗎？」、「還有哪位作者在哪一篇文章中同意／不同意？」，藉著記筆記、寫註釋、扮演閱讀理解深層、主動閱讀的角色。文本分析很困難，教師沒教導之前，不要預期學生可以單獨完成這個過程。當學生學會發展他們的分析技能後，教師可以提供更複雜的任務。在課堂上選擇使用文本分析的文本，可先從教科書課文著手；若選用一般讀物或文章，不要太冗長，一般以落在學生近側發展區（zone of proximal development, ZPD）為佳。更重要的是，思考學生如何與文本互動，以及需要什麼樣的支持，讓閱讀成為學生終身學習可以帶著走的能力，在未來學習、就業以及生活獲得成功。

參考文獻

中文部分

陳海泓（2015）。CORI 融入社會領域教學對國民小學五年級學生閱讀成效的影響。**教育科學研究期刊**，60（1），99-129。doi:10.6209/JORIES.2015.60(1).04

游美惠（2000）。內容分析、文本分析與論述分析在社會研究的運用。**調查研究**，8，5-42。

課文本位閱讀理解教學·教學策略資料庫（2012）。2018 年 9 月 1 日，取自 http://tbb.nknu.edu.tw

課文本位閱讀理解教學研發團隊（2012）。**閱讀理解策略成分與年級對照表**。2018 年 9 月 1 日，取自 http://pair.nknu.edu.tw/pair_system/Search_index.aspx?PN=Reader

課文本位閱讀理解教學研發團隊（2018 年 9 月 28 日）。**107 年度全國第 7 次聯席會議會議記錄**。國立臺灣師範大學圖書館校區博愛樓二樓 227 室，柯華葳主持。

英文部分

Archer, A. L., & Hughes, C. A. (2011). *Explicit instruction: Effective and efficient teaching*. New York, NY: The Guilford Press.

Armbruster, B. B. (1984). The problem of "Inconsiderate text." In G. Duffy, L. Roehler, & J. Mason (Eds.), *Comprehension instruction* (pp. 202-220). New York, NY: Longman.

Armbruster, B. B. (1986). Schema theory and the design of content area textbooks. *Educational Psychological, 21*(4), 253-267.

Armbruster, B. B. (2004). Considerate texts. In D. Lapp, J. Flood, & N. Farnan (Eds.),

Content area reading and learning: Instructional strategies (2nd ed.) (pp. 47-58). Mahwah, NJ: Lawrence Erlbaum Associates.

Armbruster, B. B., Anderson, T. H., & Ostertag, J. (1987). Does text structure/summarization instruction facilitate learning from expository text? *Reading Research Quarterly, 22*(3), 331-346. doi: 10.2307/747972

Armbruster, B. B., Anderson, T. H., & Ostertag, J. (1989). Teaching text structure to improve reading and writing. *The Reading Teacher, 43*(2), 130-137.

Barnet, S., & Cain, W. E. (2012). *A short guide to writing about literature* (12th ed.). Boston, MA: Pearson.

Beck, I. L., McKeown, M. G., Sinatra, G. M., & Loxterman, J. A. (1991). Revising social studies text from a text-processing perspective: Evidence of improved comprehensibility. *Reading Research Quarterly, 26*(3), 251-276. doi: 10.2307/747763

Broer, N., Aarnoutse, C., Kieviet, F., & van Leeuwe, J. (2002). The effects of instructing the structural aspects of text. *Educational Studies, 28*(3), 213-238.

Calfee, R. C., & Drum, P. A. (1986). Research on teaching reading. In M. Wittrock (Ed.), *Handbook of research on teaching* (pp. 804-849). New York, NY: Macmillan.

Chambliss, M. J. (1995). Text cues and strategies successful readers use to construct the gist of lengthy written arguments. *Reading Research Quarterly, 30*(4), 778-807.

Chang, C. (2002). *The reader effect (instruction/awareness of text structure) and text effect (well-structured vs. bad-structured texts) on first and second/foreign language reading comprehension and recall-- what does research teach us.* (ERIC Document Reproduction Service No. ED 465 180)

Clark, S. K., Jones, C. D., & Reutzel, D. R. (2013). Using the text structures of information books to teach writing in the primary grades. *Early Childhood Education Journal, 41*(4), 265-271. doi: 10.1007/s10643-012-0547-4

Collier, L. (2013). Teaching complex texts: A guide. *The Council Chronicle, 23*(2), 6-9.

Cook, L. K., & Mayer, R. E. (1988). Teaching readers about the structure of scientific text. *Journal of Educational Psychology, 80*(4), 448-456. doi: 10.1037/0022-0663. 80.4.448

Dickson, S. V., Simmons, D. C., & Kameenui, E. J. (1998). Text organization: Research bases. In D. C. Simmons & E. J. Kameenui (Eds.), *What reading research tells us about children with diverse learning needs: Bases and basics* (pp. 239-77). Mahwah, NJ: Lawrence Erlbaum Associates.

Duke, N. K., & Pearson, P. D. (2002). Effective practices for developing reading comprehension. In A. E. Farstrup & S. J. Samuels (Eds.), *What research has to say about reading instruction* (3rd ed.) (pp. 205-242). Newark, DE: International Reading Association.

Duke, N. K., Pearson, P. D., Strachan, S. L., & Billman, A. K. (2011). Essential elements of fostering and teaching reading comprehension. In S. J. Samuels & A. E. Farstrup (Eds.), *What research has to say about reading instruction* (4th ed.) (pp. 51-93). Newark, DE: International Reading Association.

Dymock, S. J. (1999). Learning about text structure. In G. B. Thompson & T. Nicholson (Eds.), *Learning to read: Beyond phonics and whole language* (pp. 174-192). New York, NY: Teachers College Press.

Eco, U. (1994). *Six walks in the fictional woods*. Cambridge, MA: Harvard University Press.

Fisher, D., & Frey, N. (2014). *Better learning through structured teaching: A framework for the gradual release of responsibility* (2nd ed.). Alexandria, VA: ASCD.

Fisher, D., Frey, N., & Lapp, D. (2012). *Text complexity: Raising rigor in reading*. Newark, DE: International Reading Association.

Gersten, R., Fuchs, L. S., Williams, J. P., & Baker, S. (2001). Teaching reading comprehension strategies to students with learning disabilities: A review of research. *Review of Educational Research, 71*(2), 279-320. doi: 10.3102/00346543071002279

Graesser, A. C. (2007). An introduction to strategic reading comprehension. In D. S. McNamara (Ed.), *Reading comprehension strategies: Theories, interventions, and technologies* (pp. 3-26). Mahwah, NJ: Lawrence Erlbaum Associates.

Graesser, A. C., Singer, M., & Trabasso, T. (1994). Constructing inferences during narrative text comprehension. *Psychological Review, 101*(3), 371-395.

Hall, K. M., Sabey, B. L., & McClellan, M. (2005). Expository text comprehension: Helping primary-grade teachers use expository texts to full advantage. *Reading Psychology: An International Quarterly, 26*(3), 211-234.

Hare, V. C., Rabinowitz, M., & Schieble, K. M. (1989). Text effects on main idea comprehension. *Reading Research Quarterly, 24*(1), 72-88.

Haria, P., MacArthur, C., & Santoro, L. E. (2010). *The effects of teaching a text-structure based reading comprehension strategy on struggling fifth grade students' ability to summarize and analyze written arguments.* (ERIC Document Reproduction Service No. ED 514 192)

Kintsch, W., & Kintsch, E. (2005). Comprehension. In S. G. Paris & S. A. Stahl (Eds.), *Current issues in reading comprehension and assessment* (pp. 71-92). Mahwah, NJ: Lawrence Erlbaum Associates.

Kintsch, W., & van Dijk, T. A. (1978). Toward a model of text comprehension and production. *Psychological Review, 85*(5), 363-394.

Kletzien, S. B. (1991). Strategy use by good and poor comprehenders reading expository text of differing levels. *Reading Research Quarterly, 26*(1), 67-86.

Kletzien, S., & Dreher, M. (2004). *Informational text in k-3 classrooms: Helping children read and write.* Newark, DE: International Reading Association.

Knudson, R. E. (1992). Analysis of argumentative writing at two grade levels. *Journal of Educational Research, 85*(3), 169-179.

Lally, C. (1998). The application of first language reading models to second language study: A recent historical perspective. *Reading Horizon, 38*(4), 267-277. Retrieved from https://scholarworks.wmich.edu/reading_horizons/vol38/iss4/4

Larson, M., Britt, M. A., & Larson, A. A. (2004). Disfluencies in comprehending argumentative texts. *Reading Psychology, 25*, 205-224.

McNeil, J. D. (1992). *Reading comprehension: New directions for classroom practice.* (3rd ed.). New York, NY: HarperCollins.

Meyer, B. J. F. (1975). *The organization of prose and its effects on memory.* Amsterdam, The Netherlands: North-Holland Publishing.

Meyer, B. J. F. (2003). Text coherence and readability. *Topics in Language Disorders, 23*(3), 204-224. doi: 10.1097/00011363-200307000-00007

Meyer, B. J. F., Brandt, D. M., & Bluth, G. J. (1980). Use of top-level structure in text: Key for reading comprehension of ninth-grade students. *Reading Research Quarterly, 16*(1), 72-103. doi: 10.2307/747349

Meyer, B. J. F., & Rice, G. E. (1984). The structure of text. In P. D. Pearson (Ed.), *Handbook of reading research* (pp. 319-351). New York, NY: Longman.

Meyer, B. J. F., & Wijkumar, K. (2007). A web-based tutoring system for the structure strategy: Theoretical background, design, and findings. In D. S. McNamara (Ed.), *Reading comprehension strategy: Theories, interventions, and technologies* (pp. 347-374). Mahwah, NJ: Lawrence Erlbaum Associates.

National Reading Panel. [NRP] (2000). *Teaching children to read: An evidence-based assessment of the scientific research literature on reading and its implication for reading instruction.* Retrieved from https://www.nichd.nih.gov/sites/default/files/publications/pubs/nrp/Documents/report.pdf

Palincsar, A., & Duke, N. (2004). The role of text and text-reader interactions in young children's reading development and achievement. *The Elementary School Journal, 105*(2), 183-197.

Pearson, P. D., & Dole, J. A. (1987). Explicit comprehension instruction: A review of research and a new conceptualization of instruction. *The Elementary School Jour-*

nal, 88(2), 151-165. doi: 10.1086/461530

Pearson, P. D., & Duke, N. K. (2002). Comprehension instruction in the primary grades. In C. Collins-Block & M. Pressley (Eds.), *Comprehension instruction: Research-based best practices* (pp. 247-258). New York, NY: The Guilford Press.

Pearson, P. D., & Fielding, L. (1991). Comprehension instruction. In R. Barr, M. L. Kamil, P. Mosenthal, & P. D. Pearson (Eds.), *Handbook of reading research* (Vol. 3) (pp. 815-860). New York, NY: Longman.

Pearson, P. D., & Gallagher, M. C. (1983). The instruction of reading comprehension. *Contemporary Educational Psychology, 8*(3), 317-344. https://doi.org/10.1016/03 61-476X(83)90019-X

Pearson, P. D., Roehler, L. R., Dole, J. A., & Duffy, G. G. (1992). Developing expertise in reading comprehension. In S. J. Samuels & A. E. Farstrup (Eds.), *What research has to say about reading instruction* (2nd ed.) (pp. 145-199). Newark, DE: International Reading Association.

Raphael, T. E., Kirschner, B. W., & Englert, C. S. (1988). Expository writing program: Making connections between reading and writing. *The Reading Teacher, 41*(8), 790-795.

Roehling, J., Hebert, M., Nelson, J. R., & Bohaty, J. J. (2017). Text structure strategies for improving expository reading comprehension. *The Reading Teacher, 71*(1), 71-82.

Ruddell, M. R. (2008). *Teaching concept reading and writing* (5th ed.). Hoboken, NJ: John Wiley & Sons.

Serravallo, J. (2015). *Reading strategies book: Your everything guide to developing skilled readers*. Portsmouth, NH: Heinemann.

Shanahan, T. (1988). The reading-writing relationship: Seven instructional principles. *The Reading Teacher, 41*(7), 636-647.

Shanahan, T., Callison, K., Carriere, C., Duke, N. K., Pearson, P. D., Schatschneider, C.,

& Torgesen, J. (2010). *Improving reading comprehension in kindergarten through 3rd grade: A practice guide* (NCEE 2010-4038). Washington, DC: National Center for Education Evaluation and Regional Assistance, Institute of Education Sciences, U.S. Department of Education. Retrieved from https://files.eric.ed.gov/fulltext/ED512029.pdf

Snow, C. E., & Sweet, A. P. (2003). Reading for comprehension. In A. P. Sweet & C. E. Snow (Eds.), *Rethinking reading comprehension* (pp. 1-11). New York, NY: The Guilford Press.

Taylor, B. M. (1980). Children's memory for expository text after reading. *Reading Research Quarterly, 15*(3), 399-411.

Taylor, B. M. (1992). Text structure, comprehension, and recall. In S. J. Samuels & A. E. Farstrup (Eds.), *What research has to say about reading instruction* (2nd ed.) (pp. 220-235). Newark, DE: International Reading Association.

Taylor, B. M., & Beach, R. W. (1984). The effects of text structure instruction on middle grade students' comprehension and production of expository text. *Reading Research Quarterly, 19*(2), 134-146.

Tramantano, J. (2017). *4 Strategies to Model Literary Analysis: Explicit instruction in literary analysis works best when the teacher models it instead of lecturing.* Retrieved from https://www.edutopia.org/article/4-strategies-model-literary-analysis

Williams, J. P. (2005). Instruction in reading comprehension for primary-grade students: A focus on text structure. *The Journal of Special Education, 39*(1), 6-18.

Williams, J. P. (2017). *Teaching text structure improves reading comprehension: Text structure should be taught starting in the primary grades.* Retrieved from https://www.psychologytoday.com/us/blog/psyched/201703/teaching-text-structure-improves-reading-comprehension

Williams, J. P. (2018). Text structure instruction: The research is moving forward. *Reading and Writing, 31*(9), 1923-1935.

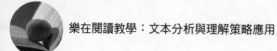

Williams, J. P., Hall, K. M., Lauer, K. D., Stafford, K. B., DeSisto, L. A., & deCani, J. S. (2005). Expository text comprehension in the primary grade classroom. *Journal of Educational Psychology, 97*(4), 538-550.

附錄　文本

〈運動家的風度〉

羅家倫

1　提倡運動的人，以為運動可以增加個人和民族體力的健康。是的，健康的體力，是一生努力成功的基礎，大家體力不發展，民族的生命力也就衰落下去。

2　古代希臘人以為「健全的心靈，寓於健全的身體」，這也是深刻的理論。身體不健康，心靈容易生病態，歷史上、傳記裡和心理學中的例證太多了。

3　這些都是對的，但是運動的精義，還不只此。它更有道德的意義，這意義就是在運動場上養成人生的正大態度、政治的光明修養，以陶鑄優良的民族性。這就是我所謂「運動家的風度」。

4　養成運動家的風度，首先要認識「君子之爭」。「君子無所爭，必也射乎。揖讓而升，下而飲，其爭也君子。」這是何等的光明，何等的雍容。運動是要守著一定的規律，在萬目睽睽的監視之下，從公開競爭而求得勝利的，所以一切不光明的態度，暗箭傷人的舉動，和背地裡占小便宜的心理，都當排斥。犯規的行動，雖然可因此得勝，且未被裁判者所覺察，然而這是有風度的運動家所引為恥辱而不屑採取的。

5　有風度的運動家，要有服輸的精神。「君子不怨天，不尤人」，運動家正是這種君子。按照正道做，輸了有何怨尤。我輸了只怪我自己不行，等我充實改進以後，下次再來。人家勝了，是他本事好，我只有佩服他，罵他不但是無聊，而且是無恥。歐美先進國家的人民，因為受了運動場上的訓練，服輸的精神是很豐富的。這種精神，常從體育的運動場上，帶進了政治的運動場上。譬如這次羅斯福與威爾基競選，在競選的時候，雖然互相批評；但是選舉揭曉以後，羅斯福收到第一個賀電，就是威爾基發的。這賀電的大意是：我們的政策，公諸國民之

前，現在國民選擇你的，我竭誠地賀你成功。這和網球結局以後，勝利者和失敗者隔網握手的精神一樣。此次威爾基失敗以後，還幫助羅斯福作種種外交活動，一切以國家為前提，這也是值得讚許的。

⑥　有風度的運動家，不但有服輸的精神，而且更有超越勝敗的心胸。來競爭當然要求勝利，來比賽當然想創紀錄。但是有修養的運動家，必定要達到得失無動於衷的境地。運動所重，乃在運動的精神。「勝固欣然，敗亦可喜」，正是重要的運動精神之一，否則就要變成「悻悻然」的小人了！

⑦　有風度的運動家是「言必信，行必果」的人。運動會要舉行宣誓，意即在此。臨陣脫逃，半途而廢，都不是運動家所應有的。「任重而道遠」和「貫徹始終」的精神，應由運動家表現。所以賽跑落後，無希望得獎，還要努力跑到的人，乃是有毅力的人。

⑧　運動家的風度表現在人生上，是一個莊嚴公正、協調進取的人生。有運動家風度的人，寧可有光明的失敗，決不要不榮譽的成功！

資料來源：康軒版國中國文第三冊第七課〈運動家的風度〉

第二章

文本分析與閱讀理解教學

詹士宜[1]

壹、前言

> 你對閱讀有多深，取決於你對文本的理解有多深。

我們一直使用閱讀處理日常生活與學習的活動，例如：閱讀報紙、雜誌、電腦、手機、菜單、帳單，與各學科領域教科書及學習教材，這些都與閱讀脫離不了關係。而這些文本訊息中，有些簡單到可以一看就懂；但有些則需要仔細思考，必要時同時檢視作者背後的用意。如果讀者未能仔細推敲作者的企圖，可能就會產生誤解，甚至被誤導，做出錯誤的解讀。因此，在這多元文本與資訊複雜的時代，教師更應培養學生具有文本分析與深入閱讀的能力。

另外，有些文本不僅只有表層意義，也具有深層的意義，需要讀者加以探索，才能了解作者意圖。如果讀者只是粗淺的閱讀，往往不能讀到文本的真實意義。文本分析就好像在端詳一件藝術作品，可以從許多不同的角度欣賞，當你對作品的相關知識愈多，你對作品的理解與感動就會愈深刻。深度的文本閱讀讓我

---

1. 國立臺南大學特殊教育學系兼任副教授。

們可以發現，文本中竟然有這麼多不同的意義存在，讓我們有動力去咀嚼文本的內涵，且願意一讀再讀，享受探索知識的樂趣。因此，閱讀不僅止於所閱讀的文本內容，有時候更延伸到文本之外的世界。

為什麼文學性的文本能讓人感到莫名的愉悅呢？如同 Adler 與 Van Diren 所說：「想像的文學是在闡述一個經驗的本身——那是讀者只能藉著閱讀才能擁有或分享的經驗——如果成功了，就帶給讀者一種享受」（引自郝明義、朱衣譯，2007，頁 212）。另外，楊茂秀（2010）也說：「路有兩種，一種是前人造好的道路，讓你方便走，在繪本裡就是作者明白寫下的文字，讓你方便閱讀。而另外一種路，在大地上原本沒有，沒路時，還要走，就得用自己的腳走出來」（頁 9）。繪本是這樣，文本閱讀不也是一樣嗎？每一次閱讀所看到的與領略到的都會不同，閱讀的喜悅就能不斷的在腦海中雀躍。不同作者有不同的心情表達，而讀者在閱讀文本時也有不同的理解。從文本分析中，讓我們對文本理解更多也更加深入。讓我們先以李白的〈靜夜思〉為例，來探討閱讀理解的不同層次：

> 床前明月光，疑是地上霜。
> 舉頭望明月，低頭思故鄉。

當我們在讀這首絕句時，如果學生只知道這是李白在某一個夜晚，對思念故鄉所做的抒懷之作，則只是屬於表層的理解。但若學生能再進一步想，為什麼李白要寫這一首詩呢？李白在寫這首詩時，是發生在什麼季節？李白站或坐在哪個位置？在房內或房外？在這個季節的夜晚，大致是個一輪明月的夜晚與微寒的天氣，讓在外地的遊子，懷念故鄉的種種，於是就寫下〈靜夜思〉，這就屬於比較深層的閱讀思考。再看看這首詩包含了一些特徵，例如：「天上的月光—地上的霜」、「舉頭—低頭」。將天上與地上相對，月光與霜對應，以及舉頭與低頭相對應。也唯有皎潔明亮的月光照映在地上，讓人懷疑是否地上結了霜，而特別是在秋天的季節裡，地上的黃土彷彿被皎潔的月光鋪上一層白霜。或者也可以從「疑是地上霜、望明月、思故鄉」等，推敲出李白在寫這首詩的時候，應該是在

秋天的中秋節左右。藉由文本分析，在這首詩中，不再只是平仄押韻的排列組合，更多的是李白的情緒與用詞的鋪陳表達。李白用短短的二十個字，道盡在中秋節前後對家鄉的思念。

換另一種方式閱讀，同樣的明月，宋代蘇軾〈蝶戀花・密州上元〉卻有不同的描述：

> 燈火錢塘三五夜，明月如霜，照見人如畫。
>
> 帳底吹笙香吐麝，更無一點塵隨馬。
>
> 寂寞山城人老也！擊鼓吹簫，卻入農桑社。
>
> 火冷燈稀霜露下，昏昏雪意雲垂野。

蘇軾（1037-1101），就是蘇東坡，他是宋代文學家，曾經當過宋代翰林學士、端明殿學士、禮部尚書。因為在宋神宗期間反對宰相王安石新法的作為，導致他在官場上不甚順遂。蘇軾曾任杭州通判，以及密州、徐州、湖州、潁州等知州的官職。西元 1080 年（元豐三年）又被以毀謗新法而貶謫黃州，後又再貶謫惠州、儋州，最後卒於常州。這首詞是蘇軾剛從杭州轉任到密州的第一個元宵佳節，在街上看燈、觀月時的情形，和由景生情的感傷，故而寫下此詞。錢塘指的就是杭州，在元宵節時，杭州城裡歌舞昇平、人聲鼎沸。相對於當時的密州只是個貧窮山區，百姓生活困苦。密州與過去就有「天堂」之稱的杭州相比，不啻有天壤之別。因此，在標題上雖然是寫〈蝶戀花・密州上元〉，但內容卻從杭州錢塘開始。從文本分析就可以了解，對當時 45 歲的蘇軾而言，此刻的心情用杭州的熱鬧來反襯密州的冷清，讓人更加感受到蘇軾身在密州的孤寂。想要了解蘇軾被貶謫的心情，也可以閱讀他的其他文本，例如：〈黃州寒食詩帖〉、〈記承天夜遊〉、〈定風波〉等，就可以了解其懷才不遇的遭遇與抒懷。

一樣的皎白月光，在不同的作者、不同的地點、不同的經歷，會產生不同的情愫。李白在〈月下獨酌〉中「花間一壺酒，獨酌無相親；舉杯邀明月，對影成三人」的孤獨；杜甫在〈旅夜書懷〉中在旅夜所見之景「星垂平野闊，月湧大江

流」，而想到自己志業無成的悲慨：「名豈文章著，官應老病休，飄飄何所似，天地一沙鷗」，用情景來比喻自己的心情。當讀者賞析與比較不同文本，就能深深了解不同情緒與對周遭觀察的細膩差異。

藉由文本比較，就更能了解用文字可以表達這麼多不同的個人情懷，讓讀者可以賞析與學習，也讓讀者在千古歲月中，拉近與作者的距離。

從上面的文本分析可以知道，作者對所處環境的心情與解讀不同，就會產生不同的文本。因此，教師或讀者想要對文本有更多的理解，對於文本的分析是有其必要性。而文本分析的目的就是：「從文本的表層，深入到文本的深層，從文本的深層探索中去發現那些不能為普通閱讀所把握的深層意義」。

因此，閱讀文本可以說是像某種冒險，無論是第二次、第三次或第十次看同一本書，它總能帶給讀者不同的意外之喜。Wendy Lesser即認為在文學閱讀中，所有人都同樣在黑暗中摸索，就連作家也不例外。如果能找到自己喜愛的作家，更是像發現新大陸一樣令人興奮（劉曉樺譯，2016）。馬景賢（2000）認為，一些美麗的詞藻成不了一篇文學。就如同一堆彩色顏料堆砌不出一幅藝術作品。文章要感人，還需要加油添醋，內容還要有深度，才能發人省思。而我們說一篇文本或文章好，常不知道好在哪裡，如果能有一些方法來進行文本分析，就能更深入的理解文本，享受閱讀探索的樂趣。如同楊茂秀（2003）所說：「故事是一個種子，只要落在條件夠好的土地，花束繁茂的季節是可以預期的」（引自劉曉樺譯，2016，譯者序）。而所謂條件夠好，就應該包含教師引導的重要角色了。

而文本也包含許多不同的類型，但一般分為訊息類文本與文學類文本。訊息類文本常出現在社會科學或科普的文本中，以說明文或議論文呈現，這些文本經常是以獲得知識為重點，其撰寫方式通常是要傳遞明確的訊息，讓讀者能快速掌握與擷取文本訊息的內容，以及了解文本內各種訊息間的關係。在結構或用詞上，就可能要愈清楚愈好，以便快速讓讀者掌握到作者想要表達的訊息。因此，這類作品經常是以開門見山的方式來敘寫。

相對的，文學類文本除了獲得知識外，還包含更多情意或是隱含的意義層面，需要花一些時間去深思與推論。作者經常不會直接將文本的旨趣告訴讀者，

而是用了許多暗喻、轉折、幽默或鋪陳的技巧或策略來表達。這些策略通常不會一開始就讓讀者領略，而可能需要分析作者的用字遣詞、語義鋪陳、明示暗喻，有時還有峰迴路轉，不斷的轉折。讀者需要細細咀嚼文字的滋味，探索隱藏在文字中的趣味。因此，需要讀者與作者不斷的「鉤心鬥角」，才能「柳暗花明」，進而「豁然開朗」。這種文學類文本，有時候作者就是不直接告訴讀者他們的意圖，而要讀者自己一讀再讀，讀出文本的味道，亦即讀到文本中的靈魂，而不只是讀到文本的皮毛。Adler 與 Van Diren 就舉例認為，閱讀就好像是棒球中的投手與捕手的互動關係，作者像是投手，他投出各種不同的球種，讓球動起來，而捕手則是讓球停下來；投手投球如同作者寫的文章發出各種的訊息，而捕手接球如同讀者把作者文章中的訊息接住。所以必須在捕手與投手的關係非常密切時，才會成功（郝明義、朱衣譯，2007），亦即「讀相同的文本內容，讀到不同的文本意義」（We read the same text, we got the different meanings）。

　　好的文本總是能引人入勝，撰寫文本的作者也常利用文本的結構與用語來表現其想法。有些結構與用詞簡單而明確，但有些文本則是複雜而隱晦。而學生在閱讀文本時，猶如偵探一般的探究文本中各種看得到與看不到的線索，並且從中找出語詞間的關係，同時探究作者的意圖來與作者進行一場鬥智之旅。作者有時是深怕讀者不知道他想要表達的意涵，例如：科學性的文本就非常結構與清楚的告訴讀者文章的結構與重點，希望讀者能夠一目了然。但有些作者卻覺得需要讓讀者在文本中一再推敲，才能找到真正的答案與線索，讓讀者玩味不已。如果學生無法領略箇中滋味，教師就要扮演點燈人的角色，引導學生進入語言與文學的寶山之中，探索前人的智慧結晶。但並非明確與簡單的文本就比較沒有價值，均其有賴作者寫作文本的目的，而文本分析就是企圖更加貼近作者心靈思考的一種作法。

　　因此，要協助學生能深入的理解文本，就有賴有效的文本分析與教學。文本分析的閱讀策略教學即在培養學生閱讀素養，讓閱讀不僅在於增進知識經驗的收獲，同時也在思想與情意上有所提升，讓學生可以增進知識、洞察事理與發展人格，而能「認識自己，了解他人」。

Fisher、Frey 與 Lapp（2016）即認為，有效能的讀者就應扮演三種角色：科學家、歷史學家與文學家。(1)身為一位科學家的角色，就需要了解文本中的一些特定線索，例如：這位作家專業可信嗎？作者提供了哪些證據來支持他的主張？這些訊息如何與我已知的相配合？這篇文本提出什麼問題？我從哪裡可以獲得更多訊息？(2)扮演一位歷史學家，就應了解分析是誰完成了這份文件，以及分析文件所使用的觀點和可靠性；考慮文件的歷史背景脈絡因素，包括：文件的時間、地點、寫法，以及當時發生的有關情況；閱讀多個文件來確定一致和不一致的地方；(3)扮演一位文學家，在分析作者的寫作技巧，包括：體裁風格、敘述方式和使用的文學手法等，會考慮文本的社會和歷史背景脈絡、當時發生的情況，以及在文本中作者對特定想法的潛在意義等。

　　推論是獲取文章意義，達成深度理解的必要途徑（連啟舜、曾玉村，2017，頁 72）。教師在帶領學生進行文本分析探究時，同時亦提升學生思考與分析的能力。這種能力不只是應用在所學的國語文上，更增進學生在其他學科（如社會科的推理能力），並且應用到日常生活中對事理的分析、判斷與賞析能力。教師進行文本分析時就是要察覺文章中的趣味，延伸故事中的故事。如果教師只是聚焦在字詞解釋或文章翻譯中打轉，反而壞了學生的胃口。另外，教師應同時注意學生的年紀與發展，選擇適當的重點進行教學。如果學生的心智年齡低或語文程度不佳，教師則應對文本內容加以簡化，以淺顯易懂的方式，讓學生理解文章重點。如果學生到了中高年級以上，或語文程度良好，就可以拋出問題，引發學生思考與討論，發揮文本應該具有的影響力。

　　因此，在進行文本分析的策略教學時，就不一定拘泥在使用哪一種觀點或策略進行教學，如此也讓教師的教學提供更多元的學習趣味，讓學生能從各種不同的角度欣賞文本。就如同 A. Manguel 所說：「理想的讀者，會是譯者，懂得剖析文本，掀開體表，切進神髓，追索每一條血脈、每一條肌理，然後，做出全新的有情生命，生機活潑。理想的讀者，不會只是標本師傅」（宋偉航譯，2014，頁 275）。希望有效文本分析的閱讀教學，能幫助學生成為一個能思考、會分析、願說理與講理的人。

貳、文本分析教學的重要性與目的

閱讀像一臺時光隧道機，帶領我們探索浩瀚無際的前人智慧。

也像是一位高山嚮導，帶領我們探索神祕與壯麗的山川景緻。

　　雖然說閱讀理解是讀者主動建構意義的複雜歷程，但由於國中小學生在知識經驗與背景上，仍處於啟蒙時期，常常無法領略語文的優美。再加上教科書的文本經常是學者精選的作品，並不一定是每位學生都會喜歡所有的文本，因此就更需要教師有策略的引導學生，深入理解文本，啟迪學生的興趣。

　　文本分析是非常重要的，當學生學會從文本的深層探究，就能引導學生發展高層次的思考。學生不僅要知道文本中的內容（who、what、when、where），更要了解文本的結構（how）與原因（why）。有些文本，作者並不會直接的陳述己見，反而會透過對事物的描述，以含蓄或隱喻的方式來表達自己的思想情感，例如：文學性的文本有時常會有一些留白，留給讀者推論與想像的空間，亦即邀請讀者參與文本的內容探究中。「留白」原本是中國繪畫中的用詞，在畫作中留一些空間，增添觀賞者的想像力。愛默生（Ralph Waldo Emerson）就認為，做一位讀者就要懂得當發明家，才能讀得精闢入裡，亦即要主動去發掘文本中的新思維。學生在閱讀文學作品時，就應培養對文本中的空白或隱喻，加以探索或咀嚼，在看文本之時或之後，能夠更加回味無窮（馬景賢，2000）。RAND Reading Study Group即認為，閱讀是一個由文本、讀者與活動三方面交互互動，來對書寫語言擷取與建構意義的過程（Snow, 2002, p. XIV）。學生如果能從中學會文本分析的策略，對於未來在口語表達或寫作上，都會有正面發展的功效。因此，教師更應該需要在文本分析教學策略上下一番功夫。

　　文本分析的主要目的包括二個類別，亦即著重於單純文本的分析本身，以及著重以教學為主的文本分析。第一種是對文本內容與形式，其包含：(1)理解文本

寫了什麼；(2)讀出文本的型式；(3)語言和結構。第二種則是為了教導學生理解文本的內容而做的分析，這種文本分析有更進一步的意義存在，因為需要考慮到學生的知識、能力與背景經驗，包含找出教學重點以及思考如何規劃教學，例如：學生的起點在哪裡？我的目標在哪裡？如何搭建鷹架？因此，閱讀教學另外包含三個重點：(1)讀出作者的用意；(2)找出教學重點；(3)思考如何規劃教學，包含了解學生的起點、我的教學目標在哪裡、教學策略與教學設計、如何搭建鷹架等。若教師能從上述重點去分析文本，在教學上就更能貼近學生的語文學習經驗。由於當前的中學生在語文素養差異極大，教師需要有多元的文本分析能力與教學策略，俾能提供學生豐富而多層次的差異化教學，提供學生高品質的國語文教學需求。因此，唯有了解文本教材與學生，才能真正了解學生需要什麼，進而可以提供學生所需。從教學中，深化學生對文本的認知。

參、文本分析與閱讀教學的關係

當你對文本分析與作者背景理解愈多，你對文本教學也就愈豐富。

文本分析也會因為讀者有不同的觀點，而做出不同的解讀。教師如此，學生亦然，例如：《三國演義》一書中的〈空城計〉，羅貫中述說孔明如何與司馬懿鬥智的過程，但孔明能夠下這樣的決策，主要原因就在於孔明對司馬懿狐疑的個性有深入了解。因此，教師在引導學生探索文本時，雖可以提供學生一些不同見解，但如果可以引導學生表達他們的個人想法，可能會是更好的方法。因為他們的表達，是學生從他們自己的知識系統所產生的，而有別於來自教科書或其他學習手冊。如果學生的表達有些疏漏，教師還是可以引導學生進行分析、討論、比較與陳述理由，讓學生獲得更寬廣的視野。

如果教師願意更擴及到〈空城計〉一文以外的世界，就可以發現司馬懿可不是羅貫中筆下一位如此簡單的人物。司馬懿是當時三國鼎立時代的英雄人物，他

曾協助曹操抵禦蜀漢丞相諸葛亮的北伐軍，並遠征北方遼東魏國與東南方吳國，開疆闢土，連當時東吳孫權都說「司馬懿善用兵，所向無前，深為弟憂也」。司馬懿夾在諸多政治紛爭中，能得到生性猜疑的曹操信任，同時並歷經曹操、曹丕、曹叡、曹芳四代君主信任，實在不簡單。司馬懿能以智慧化解危機，並掌握曹魏的實權，可見司馬懿的特質並不只是羅貫中筆下的司馬懿而已，還有更多可以探討的故事。由上可知，從更多的文本或相關資訊比較得知，讓我們對孔明與司馬懿有更多的認知；也知道二人在爭戰的過程中，有許多互有勝負的對手戲。另外一方面，從文學的角度來看，羅貫中將西晉陳壽所著的史實《三國志》，改寫成故事形態的《三國演義》一書呈現，以優美文學文筆細膩描寫三國時期的各個人物的特徵、行動、對話、情節與場域等，讓我們如同親身經歷在這場歷史故事劇中，讓《三國演義》的可讀性更高於《三國志》。教師如果能這樣引導學生分析，就更能擴展學生探索文學與歷史的視野。

因此，要讓學生學習變得更活潑主動的方法，就是要能以吸引學生並刺激其思考的設計為核心，把學生要學會的內容當作學習工具納編進來，利用學生過去的學習經驗幫助學生思考與處理這些問題（吳敏而、侯秋玲譯，2016）。教師在教學過程中，就應設計活動、提問或是引導學生提問，讓課程變得具有挑戰性，學生自然就會栽進閱讀的樂趣中。如果教師願意多花一些心思對文本加以分析，就能讓教學的內容豐潤許多，而學生對文學的喜好程度就可以跟著提升。因此，文本分析在語文教學過程中就扮演一個非常重要的角色。

由於許多中學生的語文素養還在發展與建構階段，對文學性文本的知識背景與脈絡不足，一開始都無法精確掌握到文本的重點，他們在面對這種需要仔細深究的文本時，經常會遇到因為讀不懂而感到挫折，因此容易產生對有層次的文學作品加以排斥。如果任課教師沒有協助學生分析引導，或只是翻譯了事，或者教師的文本分析能力不佳，將導致教師在國文教學時常陷入翻譯與解釋的困境，讓學生無法進入文學之林，殊屬可惜。此時，學生對學習國文如同嚼蠟而食之無味，他們除了無法理解文本外，更會對國文的學習視為畏途。如果教師想要更深入的理解文本，並帶領學生對文本的理解與喜愛，事前做功課是必要的。因此，

教師在閱讀教學過程中扮演非常重要的角色，以引導學生對文本的理解與詮釋。

在閱讀的過程中，學生對閱讀的理解不一定平順，因為作者會有意或無意的留下一些問題，讓讀者去探索領會；或者由於讀者的知識背景不足，無法理解文本的意義與隱含，而無法享受閱讀的樂趣，造成他們一直處於閱讀挫折的階段。有效的閱讀經常需要一些修補策略，來解決文本中的缺口（gap）。這些修補策略包含重複閱讀、歸納推論、上下文分析或理解監控來解決待釐清的問題，或者是以暫時擱置的方式來處理這些語意不明的地方，運用這些修補策略來提升閱讀的效果。但是，許多有閱讀困難的學生遇到不懂或文本不一致的地方，並不會使用這些策略來協助理解，而會當作是合理的文章而繼續閱讀，所以學生對文本的理解或許有錯誤也不知道（胡永崇譯，2016）。因此，教師在語文教學過程中，給予學生的協助就顯得更為重要。

但是，也由於一些文章作品太過抽象或表徵，讓讀者感到迷惑或不解，以致於對閱讀感到沮喪，而失去進一步閱讀的興趣。這時候就更需要教師拉學生一把，讓他們回到樂於閱讀的軌道上。

所以教師扮演對文本詮釋的重要角色，更是引導學生探索文本的關鍵人物。由於文本是由符號所建置的作品，讀者在解讀文本時，是以詮釋的角度理解文本。當學生能尋求文本的深層意義時，解讀文本的角度不同，也就會有不同意義的理解。文本分析讓老師可以思考作者的意圖，「為什麼寫」以及「如何寫」一篇文本、一首詩或是一個故事；或者讓老師從某一個觀點或不同觀點看一篇文本，而不一定要依據作者的特定觀點來詮釋文本。當老師具有這樣的能力，就可以慢慢培養學生也具有文本分析的能力，這樣的能力對於學生未來在思考、分析比較、表達與寫作上，都會產生極大的助益。

因此，老師需要不斷的與文本互動、分析文本，最後才能發展出屬於自己的教學內容。在分析文本內容與結構後，再了解學生適合的年齡學習的重點，或是思索想要引導學生思考的方向，就可以從文本分析中找出，同時在教學過程中，依學生的不同反應，再進行一些額外的補充。

「十二年國民基本教育課程綱要」提到國語文素養重點，就是不要學生只專注在文本的注譯，而是需要理解分析文本內容中所隱含的意旨，或是作者的意圖、特別的結構，而能有效的歸納或推論文本以外的意涵。因此，教師在國文課教學時，若只是單純的翻譯文本，或是解釋生字語詞的意義，實不足以面對現今語文教學的要求。而當前國際閱讀教學與評量的趨勢，大多摒棄過去以基本事實或記憶性內容為主的方式，而希望學生在理解文本的基本事實外，更能重視文本的分析、歸納、綜合、推論與比較。也希望學生能在閱讀中，應用閱讀策略增進理解，並應用於日常生活的閱讀活動與工作上，此亦即當前國際閱讀評量與我國十二年課程綱要所強調的閱讀素養。

「促進國際閱讀素養研究」（Progress in International Reading Literacy Study，簡稱 PIRLS）即指出，閱讀之目的包含獲得文學經驗和尋找並運用資料，其閱讀歷程包含二類：第一類是直接獲得文學經驗，亦即讓學生能想像文學作品中的人物、事件、背景；學生依據個人的生活經驗與情感，結合文學作品內容去理解和欣賞文學；以及讓學生從文學中去探索他們未曾經歷的處境和情感。而第二類則是資料的找尋與運用，需要學生能有效的整合資料與解釋資料。PIRLS 評比測驗的閱讀歷程有四項，分別為「直接提取」、「直接推論」、「詮釋、整合觀點和訊息」與「檢驗、評估內容、語言和文章的元素」。根據 PIRLS 2016 的定義，閱讀素養是理解和使用社會需要和個人重視的書面語言形式之能力。讀者可以從各種形式的文本中建構意義，他們利用閱讀來學習，在學校和日常生活中參與讀者社群，並享受閱讀樂趣（Mullis & Martin, 2015, p. 12）。

另外，「國際學生能力評量計畫」（Programme for International Student Assessment，簡稱 PISA）指出，「閱讀素養為個人理解、使用、反思和參與書面文本的能力，以達成個人的目標，增進個人的知識和潛能，並參與社會活動」（Organisation for Economic Co-operation and Development [OECD], 2016a, p. 13）。在計畫中列出五個方面說明閱讀素養評量的重點，包含：(1)擷取訊息；(2)形成廣泛普遍的理解；(3)發展解釋；(4)省思並評鑑文本內容；(5)省思並評鑑文本形式（如圖 2-1 所示）。其上一層的閱讀素養，則分為理解來自文本內的訊息，以及

應用外在的知識對文本內容進行理解二種。可見閱讀素養的內容包含來自文本內容與讀者相關背景知識的應用，以提升閱讀的表現。

由國際閱讀評量的向度中，可以了解當前社會對於閱讀的期許，已經跳脫從對文本作基本事實的理解，更進一步擴展到對文本的整合理解、推論及評論。這些能力的養成需要學生具有深入分析文本的能力，才能深究其中可能隱含的意義，繼而做出正確的推論。

因此，閱讀素養已經不再被認為是學校學生才需要獲得的能力。相反的，閱讀素養在這個時代中，應被視為個人在各種生活情境中，需與同儕互動和參與社會團體活動時，所建構出可以增進知識、技能和策略的能力（國立臺南大學PISA國家研究中心，2008；OECD, 2016b, p. 49）。在國際閱讀的推展上，各國莫不積極的重視與強化其學生的閱讀素養，而有一些國際學術機構更針對閱讀的核心能力訂定標準或規範。

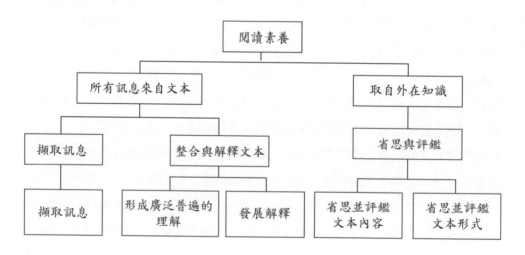

圖 2-1 閱讀素養與閱讀歷程架構

資料來源：國立臺南大學 PISA 國家研究中心（2008，頁 8）；OECD（2016a, p. 54）

肆、文本分析的方式

　　文本分析不只是要學生專注於文本的表面意義，更需要帶領學生越過文字的屏障，探索文學之寶藏，除了享受文學的甜美滋味，也能品嘗、吸收知識的樂趣。教師要扮演作者與學生之間重要的中介角色，以吸引學生閱讀。教師就好像一位登山的嚮導，帶領攀越一座座巨大的高山。有嚮導或是旅遊的解說員之解說引導，才能讓登山者或遊客知道風景或古蹟之美，否則只是走馬看花，或是驚鴻一瞥。當別人分享自己曾經走過的景緻時，才驀然發現，這些景緻怎麼都沒看到，而感到扼腕。

　　文本分析的方式也如同看一部電影，從不同的角度觀看分析，會看到電影中不同的主題。如果有導覽或內容簡介，就更能聚焦於電影特定內容所要訴說的重點；如果沒有一些情節介紹，有時觀眾就可能抓不到重點，或是錯失重要的情節或橋段。就好像去國外旅遊一樣，如果沒有先做功課或是沒有導遊介紹，就容易掉入走馬看花的結果。

　　教學者對文本分析的重點不一樣，對學生的教學引導也會不一樣。教師的文本教學除了以文本內容為重點外，亦可以利用和其他的文本進行對照比較，讓學生在不同的文本差異中，找出不同的作者觀點，開拓學生更寬闊的視野，例如：〈王冕的少年時代〉一文可以和《儒林外史》中的〈范進中舉〉一文相對照，對同樣是讀書人做事態度的評析，甚至可以和〈五柳先生傳〉一文中，對文人豁達的胸襟描述進行比較。藉由這種的分析比較，學生對文本的理解，會遠遠超過只是單純的課文文本講解，更能引發學生對文本探究的興趣。

　　教科書中的文本作品經常是作者所使用文字語言與布局，創造出一篇篇優質的成果，引發我們在認知或情緒上的共鳴與興趣。蘇俄形式主義對文學的解讀認為，「文學就是你透過文字，將一個我們熟悉的東西『去熟悉化』，之後你會得到一個新的感覺，他說新的感覺就是一種美學的驚艷」（鄭冠榮、彭錦堂，2003，頁3）。另外，鄭冠榮亦引用蘇俄文學家巴赫金（Bakhtin）的說法，認為

作者在表達一個概念時，除了表達所想要表達的意念外，同時也可能表達了他自己本身沒有注意的部分，而這部分卻會在字裡行間流露出來。這些意義有些是作者知道，有些是作者根本不曉得的。此時，讀者就需要扮演一個重要的角色，去對作品重新詮釋，或者賦予這個作品一個全新的生命。這對一個好的讀者而言，是一項不可或缺的能力。讀者要去發揮填補的作用，對於沒有這項能力的學生，教師就更有責任來培養學生這樣的能力。

文學性的文本，包含較多的對話、情節或是經驗說明（Fisher et al., 2016）。有些作者並不希望讀者一開始就理解文本內容，而有的則更希望讀者參與文本活動，做更多的思考或推理，才能真正了解文本的意旨。因此，對於有些敘述性文本，需要讀者一讀再讀。但這些寫作的方式也不是絕對，因為不同的作者有不同的寫法，沒有絕對的規準。

雖然教師手冊有提供一些文本結構的說明，但教師一定要知道，文本的教學不是只有一種詮釋方法，教師與學生還是可以和作者、教科書有不同的看法與見解，做出不同的詮釋。這也是未來在閱讀教學中一直強調的重點——「不要把學生框在教師的想法下」。當學生的發言與參與愈多時，他們的閱讀理解表現，就會跟著提升。如果教師有機會參與共同備課或是閱讀教學社群，就會有更多的機會了解其他教師們對文本分析的不同看法，而增進自己教學的厚實度，也讓教師在閱讀教學過程中更具有彈性與深度。

伍、文本分析教學的四個層次

教師進行閱讀教學，更擔負引導學生閱讀與思考的重要責任，因此更需要進行文本分析，以深入理解文本，並探討如何進行閱讀教學。其中，閱讀分析的歷程也是文本分析的歷程之一，閱讀分析著重於對文本的理解，而文本分析則更深入的探究文本內容的意涵，包含明顯與隱藏的主題與細節。Kintsch（1998）將閱讀理解分為三個層次：文字符號的理解、文本表徵的理解，以及情境模式的理解（如圖 2-2 所示）。第一層次文字符號的理解是指對文本內的文字語義最基本的

理解。第二層次文本表徵的理解是屬於文本表層的理解，意指對文本內容所要表達基本意義的理解。而第三層次情境模式的理解則是指能夠超越文本表徵，運用自己的知識經驗背景的連結去分析、推論與評論文本；或者了解作者隱含在文本中的意旨。當文本與讀者的背景知識連結愈豐富，閱讀的理解就愈有深度。亦即讀者想要有深度的理解，就需要統整更多的訊息（連啟舜、曾玉村，2017；曾玉村，2017）。

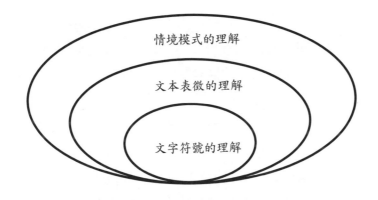

圖 2-2　Kintsch 閱讀理解的三個層次

Adler 與 Van Diren 認為，閱讀可以分為四個層次（郝明義、朱衣譯，2007）：

第一層次為基礎閱讀層次：指的是有關字詞句的理解。

第二層次為檢視閱讀層次：或稱為系統化略讀，亦即在一個特定的時間抓到一本書或文章的重點，例如：找出主旨、主要論述、關鍵字句、解答等。讀者在此層次能掌握到文本在談些什麼，或者文本的架構為何。

第三層次為分析閱讀層次：這個層次比前二個層次更複雜，但也更系統化。讀者需要將文本加以咀嚼與消化，成為自己的一部分，例如：能評斷作者的論點是否公正與完整。如果閱讀的目的是在休閒娛樂或獲得資訊，就不需要進入到這個層次。

第四層次為主題閱讀：此為最複雜與最系統化分析的層次。讀者需要依據特定的主題，找出許多相關的書籍，進行多種文本閱讀中的相關主題，亦即比較閱讀。對讀者而言，主題閱讀是讀者最主動與最花力氣的閱讀活動，卻也是所有閱讀活動中，最有收穫也獲益良多的閱讀活動，絕對值得讀者努力學習，俾使擁有這樣的閱讀習慣。

由於「文本分析」與「文本分析教學」的目的不同，文本分析教學除了分析文本以外，更深入探討如何配合學生的能力與程度，除了進行文本內容的分析外，更可以跨出文本內容之外，探討文本以外的相關訊息，深化對文本與作者的認識，例如：作者的身世與經驗背景對文本的影響；同一作者在不同時期文本的風格探討；不同作者在同一主題的描述方式；或是同一作者在不同主題的表現等，都可以加以探討。

因此，本文綜合上述的文獻分析，並揭櫫文本分析教學的四個層次之文本分析架構（如圖 2-3 所示），由淺而深的說明文本分析的不同層次，從文本內容，再跨越到文本以外相關的訊息。亦即從文本的字詞句段理解、文本的表層理解、文本的結構與推論理解，再到文本的深層理解（如圖 2-3 所示），藉以豐富教師教學的素養。以下分別說明之。

一、文本的字詞句段理解

第一層次的文本文字處理包含字、詞、句與段的分析，亦即對文本內的文字語義的理解，也是最基本的理解，屬於片段的知識。學生常容易受文本中艱澀的詞彙或句子所影響，以致於阻礙了他們對文本的理解。因此，對字詞句段的分析與教學，就變成理解文本教學之基礎。但語文教學若全然的把重心全部放在這裡，將會失去語文教學的核心價值。

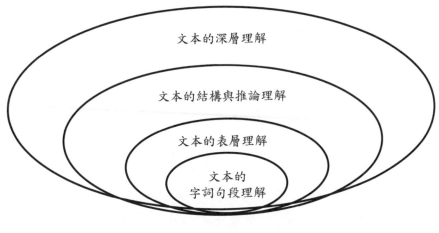

圖 2-3　文本分析的四個層次

二、文本的表層理解

　　第二層次的文本的表層理解即為理解文本中的大意，亦即對文本內容的基本意義概覽理解。當學生在瀏覽全文後，能了解這篇文本在寫些什麼？整體基本結構為何？從閱讀中了解作者在文本中說了哪些重點。

三、文本的結構與推論理解

　　第三層次的文本的結構與推論理解，是指對文本的結構形式與內容重點的推論理解之分析。這個層次分析需要讀者對文本內容做更深入的探討。所謂文本形式分析，是指文本屬於哪一種文體？作者寫作的架構為何？教師或學生可以試著用結構圖或心智圖將文本的形式結構畫出，以產生一個對文本整體性、脈絡性與概要性的理解。而文本內容分析則是分析作者如何使用文字詞彙與句型，以及段落舖排。此一層次的閱讀理解超越文本基本的內容，讀者能運用自己的知識經驗去分析與推論文本。教師如果能夠引導學生學習到這一個層次，已非常不容易，值得鼓勵。

四、文本的深層理解

第四層次是屬於文本的深層理解，即是讀者除了能理解文本內容外，同時亦能更進一步去分析作者的背景、意圖、手法，並找出作者隱含在文本中的意旨，甚至與外在的文本做比較，例如：這篇作品的意義是什麼？它的結構與效果為何？這些東西如何被產生？寫作技巧與手法來舖陳文本為何？作者如何強化文本的可讀性與張力？藉此，讀者才能了解作品的核心意義，亦即「讀到文本的裡面，而不只是讀到文本的外面」（徐進夫譯，1975）。分析前面三個文本層次就頗為有趣，一般語文教學也常以前面三個層次做為語文教學的核心。但如果文本具有特別的價值與意義，以及教師想要引導學生對文本有更深入的了解或探索，就可進一步進入第四層次的文本解析，深入文本的核心。第四層次的閱讀更能真正的讀出文本的內涵與味道，從多次的閱讀過程中，咀嚼出作者想要表達的思維與智慧。

陸、文本分析與閱讀策略教學

營養的食物，不能一下子全部塞給孩子吃；同理，好的文章也不能一股腦兒的全部倒進學生的大腦裡。這樣不僅達不到想要的教學目標，也可能產生反效果，會讓學生不喜歡閱讀，選擇逃避閱讀。文學的閱讀仍需要細嚼慢嚥、細細品嚐，這有賴教師有策略的閱讀教學。因為學生的學習也是漸進的，畢竟學生受到能力與程度的限制，仍要先從學生的觀點來解析一篇文本，並循序漸進教導，藉由學習一點一滴的累積，發展出語文的能力。

教師藉由文本分析，更能深入文本重點，並且引導學生深入文本的核心。文本分析有助於理解文本的意義與意圖，進而能有彈性的選擇適當重點，以及使用適切的教學策略。希望教導學生能將所學習到的文本分析策略應用到未來的文本分析上，並強化自己的思考、推理與賞析能力。另外，教師在設計教學時，亦應

思考學生的知識背景，例如：他們曾經學過什麼知識、用過哪些策略技巧，以及這個文本是否能符合學生的程度。教師宜根據這些因素考量，決定想要產生適當的挑戰性，並能減少學生閱讀的挫折感。評估當學生有閱讀困難時，教師是否需要示範或說明來建立學生學習的鷹架（詹士宜、卓曉園、林健禾譯，2016；Fisher et al., 2016）。

在進行文本分析時，教師就必須決定文本中的重點（big idea）為何？希望學生從這一課中能知道學習重點在哪裡。因此在一開始，教師就應該先問自己「上完這課，我想讓每一位學生知道什麼」（詹士宜等人譯，2016）。教師可以關注的重點很多，例如：重要詞彙、文本結構、文本內容、文本分析、文本比較、文本賞析、文本評論、寫作手法等不同重點。而這個答案就需要由教師依據文本特性與學生特質，或者教學目標來決定，但每一位教師可能會對同一篇文本所關注的重點不同。另外，同一位教師也有可能因為學生的程度不同，而提供不同重點教學，其主要關鍵仍在於教學者對文本與對學生有多少的了解。而這個重點，也影響教師的教學決策，決定用什麼策略、教什麼重點。

因此，文本分析的教學，就是要應用文本分析的技巧，再加入教學的策略，並且分析學生的背景知識以及學習的困難點，才能引導學生對文本的深層理解。文本分析的教學以下列三個方向來說明。

一、「為什麼寫」

有些作者寫的文章有特別的用意，以明確或隱含的方式，告訴讀者一些事情。但有時候，作者寫作時，只是在抒發個人內心情懷，讓讀者能與作者產生共鳴。因此，了解作者為什麼寫這篇文章，就更能拉近讀者與作者的距離，其分析的重點，包含：主旨、意圖、觀點、與作者其他作品的關係、作者背景，以及當時的文化背景與傳統。

二、「如何寫」

與上述「為什麼寫」不同的是，「如何寫」更重視作者使用什麼手法或技巧來陳述文本，像是文本的主題或命題、結構與順序、布局、節奏、主題與細節、隱喻與象徵、對比或衝突、寫法或描述的手法、行為與行動、風格、用詞與句型、描述技巧、人物與景物描述、色調與意象、說理、舉例與證據、語氣、人稱、對話、物理與心理的闡述、論證論據、反證與反諷、強調、關聯與關係、轉折、文本特徵等，以引導讀者參與。另外，教師還可以和學生探討作者的寫法是否達成其寫作的意圖？是否有不完整的地方？是否同意作者的觀點或者有不同的觀點？為什麼？作者的其他文本如何寫？還可以如何寫？

三、「如何教」

當我們分析完文本，對文本有更進一步的理解後，教師就要思索：對學生而言，有哪些生難字詞？困難的句段？文本的重點與細節？作者的寫作背景與寫作手法？作者的意圖或目的？要用什麼閱讀策略來進行教學？如果學生不懂的時候，要用什麼方法教？因為學生的年齡與程度不一，因此教師在設計文本教學時，就需要同時考量學生的能力與程度，適當的選擇要教導文本的重點與教學策略，才能產生良好的教學效果。

搭配上一節所述之閱讀理解的四個層次與文本分析相關的重點與教學策略，如表 2-1 所示，教師可以依據不同的閱讀層次，進行不同的教學策略。

表 2-1　文本分析的四個層次與教學策略關係

閱讀理解層次	分析	重點	教學策略	寫作
1. 文本的字詞句段理解	字、詞、句、代名詞	字詞義理解、字詞的隱含或特別意義	部件分析、析詞釋義、詞彙策略、上下文策略、理解監控	字詞句段理解與應用的正確性
2. 文本的表層理解	大意、重點、基本事實	六何法、主題描述、角色特質、背景、段落大意	六何法、重述故事、大意	段落重點、主題句
3. 文本的結構與推論理解	文本結構、文本特質、主旨	歸納、推論、因果、相關、序列、寫作技巧	有層次提問、結構圖、支持的理由	段落架構、布局、支持的理由
4. 文本的深層理解	文本賞析、文本評論、文本比較	賞析、評論、比較、文本背景、結構與節奏、作者背景、文字應用、作者意圖、深層推論、時代背景、其他文本比較	詰問作者、不同觀點、隱喻、作者觀點與意圖、寫作手法與技巧、讀者觀點與問題	寫作策略與技巧、意圖、隱喻、布局、細節

▌柒、文本分析範例

　　以下提供二篇文本分析的範例。第一篇是吳敬梓〈王冕的少年時代〉，第二篇是張愛玲〈秋雨〉。此部分以表格方式呈現四個不同的文本分析層次，並依據這四個文本分析層次，舉例說明各層次的教學重點，以及可以相對應的閱讀教學策略。

一、文本分析範例一：吳敬梓〈王冕的少年時代〉

〈王冕的少年時代〉   吳敬梓

1 元朝末年，出了一個嶔崎磊落的人。這人姓王名冕，在諸暨縣鄉村裡住。七歲上死了父親，他母親做點針黹供他到村學堂裡去讀書。

2 看看三個年頭，王冕已是十歲了，母親喚他到面前來說道：「兒啊！不是我有心要耽誤你，只因你父親亡後，我一個寡婦人家，年歲不好，柴米又貴，行這幾件舊衣服和些舊傢伙，當的當了，賣的賣的了，只靠我做些針黹生活尋來的錢，如何供得你讀書？如今沒奈何，把你雇在間壁人家放牛，每月可得幾錢銀子，你又有現成飯吃，只在明日就要去了。」王冕道：「娘說的是。我在學堂坐著，心裡也悶，不如往他家放牛，倒快活些。假如要讀書，依舊可以帶幾本書去讀。」

3 當夜商議定了，第二日，母親同他到間壁秦老家。秦老留著他母子兩個吃了早飯，牽出一條水牛來交與王冕，指著門外道：「就在我這大門過去兩箭之地，便是七泖湖，湖邊一帶綠草，各家的牛，都在那裡打睡。又有幾十棵合抱的垂楊樹，十分陰涼。牛要渴了，就在湖邊飲水。小哥！你只在這一帶玩耍，不可遠去。我老漢每日兩餐小菜飯是不少的，每日早上還折兩個錢與你買點心吃；只是百事勤謹些，休嫌怠慢。」他母親謝了擾，要回家去。王冕送出門來，母親替他理理衣服，口裡說道：「你在此須要小心，休惹人說不是；早出晚歸，免我懸念。」王冕應諾，母親含著兩眼眼淚去了。

4 王冕自此在秦家放牛，每到黃昏，回家跟著母親歇宿。或遇秦家煮些醃魚、臘肉給他吃，他便拿塊荷葉包了，回家孝敬母親。每日點心錢也不用掉，聚到一兩個月，便偷個空走到村學堂裡，見那闖學堂的書客，就買幾本舊書，逐日把牛拴了，坐在柳樹蔭下看。

5　　彈指又過了三、四年，王冕看書，心下也著實明白了。那日正是黃梅時候，天氣煩躁，王冕放牛倦了，在綠草地上坐著。須臾，濃雲密布，一陣大雨過了，那黑雲邊上鑲著白雲，漸漸散去，透出一派日光來，照耀得滿湖通紅。湖邊山上，青一塊，紫一塊，綠一塊；樹枝上都像水洗過一番的，尤其綠得可愛。湖裡有十來枝荷花，苞子上清水滴滴，荷葉上水珠滾來滾去。王冕看了一回，心裡想道：「古人說：『人在畫圖中』，實在不錯；可惜我這裡沒有一個畫工，把這荷花畫他幾枝，也覺有趣。」又心理想道：「天下那有個學不會的事？我何不自畫他幾枝？」

6　　自此聚的錢不買書了，託人向城裡買些胭脂、鉛粉之類，學畫荷花。初時畫得不好；畫到三個月之後，那荷花精神、顏色，無一不像；只多著一張紙，就像是湖裡長的，又像才從湖裡摘下來貼在紙上的。鄉間人見畫得好，也有拿錢來買的。王冕得了錢，買些好東西去孝敬母親。一傳兩，兩傳三，諸暨一縣，都曉得他是一個畫沒骨花卉的名筆，爭著來買。到了十七、八歲，也就不在秦家了，每日畫幾筆畫，讀古人的詩文，漸漸不愁衣食，母親心裡也歡喜。

資料來源：翰林版國中國文第二冊第七課〈王冕的少年時代〉

〈王冕的少年時代〉的文本內容分析

　　本文是描述王冕年少的時候因家貧而輟學，因體貼母親的辛苦開始打工，接受母親的建議幫鄰居放牛幫助家用。王冕因為放牛時看到雨後的湖邊美景與荷花景緻，所以決定自學畫荷。因為王冕不斷自學畫荷，所以成為沒骨花卉的畫家，改善家境經濟。作者以王冕為對象，說明他沒有在窮困的家境生活中而自暴自棄，反而自立自強、突破困境，終於成為畫荷的專家，並改善家庭生活。

（一）第一層次：文本的字詞句段理解

　　從文本中可以找到許多的生字詞句，這一篇作品用了不少的生字詞句，例如：嶔崎磊落、針黹、銀子、尋來、兩箭之地、打睡、耽誤、折兩個錢、百事勤謹、休嫌怠慢、應諾、謝了擾、歇宿、黃梅時候、須臾、滿湖通紅、苞子、名

筆、沒骨花卉等。我們可以用析詞釋義、重讀、推測、理解監控等，或者查字典策略進行詞彙理解。

（二）第二層次：文本的表層理解

文本內容是採用順向的敘事方式撰寫，全文先以總說後分述的方式說明，所以第一段就先鋪陳王冕家貧的現況，再分別帶出王冕的母親如何向王冕說明家貧的情境下，失學、放牛、畫荷到不愁衣食的過程。其中顯現王冕在困境中，仍然體貼孝親，並在放牛時仍仔細觀荷作畫，由逆境轉入順境，最後終成為沒骨花卉的名家，並改善家計。藉由本文中的王冕做為榜樣，來砥礪學生能在困境中，仍能不屈不撓，不向窮困低頭，自力向上，終於成功。

1.王母用什麼方式表達家裡的貧窮？

2.王冕用什麼方式表達他的孝順？

3.王母為什麼要王冕去放牛？

4.王冕花費多久的時間學畫荷花？

5.王冕用什麼方法解決家中的貧窮問題？

6.文本中的人物有什麼特質？

7.作者如何描述雨後的美景？

8.作者如何描述文本中的人物？

（三）第三層：文本的結構與推論理解

這一層次文本分析的問題可以如下：

1.王母的特質有哪些？

2.王冕是一位什麼樣的人？從本文中的哪些地方可以知道？

3.這篇文本的文本形式為何？記敘文、故事體、六 W、階層圖。

4.在本文中主要出現了什麼問題？而他們又如何解決問題？

5.畫一個結構圖（如魚骨圖、結構圖、山形圖、時間軸），來說明故事的變化節奏。

6.王冕的母親叮嚀王冕的重點有哪些？為什麼要叮嚀？

7.作者如何舖陳文本的結構？用了哪些寫作技巧？

8.文本中的王冕家遇到什麼問題，以及如何解決問題？

（四）第四層次：文本的深層理解

《儒林外史》一書是由清代吳敬梓所著的章回小說、長篇諷刺小說。儒林指的是讀書人，而外史就不是正史，而是野史或是口耳相傳的故事或小說。外史有別於像司馬遷的《史記》之「正史」，代表著是國家正統史書。《儒林外史》的書名來源於此，就具有諷刺意味。《儒林外史》全書共五十六回，約 40 萬字，描寫了近二百個人物，花了他十幾年的時間完成，描寫了康雍乾時期科舉制度下讀書人的功名和生活。雖然《儒林外史》一書所寫的主要是設定在明朝年間，但其主要更是嘲諷當時清朝的讀書人，為求功名利祿的各種醜態。全書僅有少數讀書人被提出，做為反襯當時讀書人重功利而輕學問品德、惡習不斷與價值觀的扭曲，例如：《儒林外史》一書第一回即介紹王冕的才華出眾，並且不同流合污，他刻意選擇避仕出世，成就一位讀書人的典範。相對於王冕，吳敬梓在本書第二回以後，開始描寫一些行為舉止惡劣的知識分子的胡作非為；描繪了另一群讀書人在科舉制度下的庸俗不堪，例如：〈范進中舉〉一文，以及〈匡超人高興長安道牛布衣客死蕪湖關〉一文，講述匡超人由農家孝子在成名後成為貪官污吏的卑鄙刻薄。相對於其他重視名聲權勢的讀書人，王冕的清高更突顯他是個不願與世俗同流的有識之士（鄧蕙瑩，2018；鄭明娳，2018）。鄭明娳認為，吳敬梓的《儒林外史》一書具有內容深度及文學價值，文本內容掌握了人性的內在複雜紋路，並進入人物內心的深處，同時反應人類充滿變數的本質。吳敬梓運用高度技巧讓《儒林外史》一書讀來絲絲入扣！在第四層次的文本分析中，可以延伸到下列的問題：

1.本文的作者想要表達什麼想法？有達到他的目的嗎？

2.詰問作者，分析作者的意圖與目的。

3.你喜歡王冕的自學人生嗎？你的理由是什麼？（每個人都可以這樣嗎？）

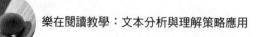

4.周遭的人或是你知道的人，有哪些人也是從困苦的環境中，努力有成？他們之間有何共通的特質？（可以問共通的特質，也可以問異同的特質）

5.這篇文本用了哪些的寫作技巧？

6.比較其中一篇文本〈五柳先生傳〉、〈差不多先生傳〉、〈賣油翁〉、〈范進中舉〉中對人物描述的差別。

教學策略示例（如表 2-2 所示）

表 2-2　〈王冕的少年時代〉的教學策略

閱讀理解層次	教學重點	教學策略
1.文本的字詞句段理解	嶔崎磊落、針黹、耽誤、謝了擾、休惹、沒骨花卉	1.文字部件辨識 2.文字的組字規則 3.相關的詞彙推理 4.上下文脈絡推理 5.其他來源來理解文本，例如：字詞典。
2.文本的表層理解	作者怎麼說明王冕的特質： 1.直接問：「王冕是一個什麼樣的人？」讓學生找出王冕的人格特質，並發表看法。學生可以以小組討論方式或是全班發表的方式進行。 2.本文主要的故事在說明什麼？ 3.王冕成名的經過為何？	1.六何法 2.段落大意 3.全文大意
3.文本的結構與推論理解	1.文本的結構為何？ 2.你從哪邊認為王冕有這種特質的？在文本的哪裡可以找到支持你的理由？ 3.作者用了哪些技巧說明王冕的特質？ 4.王冕的家境為何？從哪邊可以得知？ 5.王冕的母親是一個怎樣的人？從哪邊可以得知？ 6.秦老是一個怎樣的人？從哪邊可以得知？ 7.王冕的母親用了哪些理由，告訴王冕去放牛？ 8.你認為王冕的母親不喜歡王冕去讀書嗎？ 9.文章的重點與情節脈絡。	1.文本結構 2.關係與因果 3.文本推論 4.找支持的理由 5.連結線索 6.理解監控 7.有層次的提問

表 2-2 〈王冕的少年時代〉的教學策略（續）

閱讀理解層次	教學重點	教學策略
4.文本的深層理解	1.王冕與五柳先生有什麼異同之處？ 2.王冕和當時的讀書人有什麼差別？ 3.作者對故事中人物的特質與刻畫。 4.文本的寫作手法。 5.作者寫這一篇文章的目的為何？你的理由為何？ 6.吳敬梓是誰？寫了什麼書？書的特色為何？ 7.《儒林外史》是一本什麼樣的作品？其目的為何？ 8.這篇文章與這本書的關係為何？ 9.本文給你的感想與省思為何？為什麼？	1.不同觀點 2.作者意圖 3.詰問作者 4.與其他文本比較 5.寫作技巧 6.文本隱含

二、範例二：張愛玲〈秋雨〉

〈秋雨〉　　　　　　　　　　　　張愛玲

1　雨，像銀灰色黏濕的蛛絲，織成一片輕柔的網，網住了整個秋的世界。天也是暗沉沉的，像古老的住宅裡纏滿著蛛絲網的屋頂。那堆在天上的灰白色的雲片，就像屋頂上剝落的白粉。在這古舊的屋頂的籠罩下，一切都是異常的沉悶。園子裡綠翳翳的石榴、桑樹、葡萄籐，都不過代表著過去盛夏的繁榮，現在已成了古羅馬建築的遺跡一樣，在蕭蕭的雨聲中瑟縮不寧，回憶著光榮的過去。草色已經轉入憂鬱的蒼黃，地下找不出一點新鮮的花朵；宿舍牆外一帶種的嬌嫩的洋水仙，垂了頭，含著滿眼的淚珠，在那裡歎息它們的薄命，才過了兩天的晴美的好日子又遇到這樣霉氣薰薰的雨天。只有牆角的桂花，枝頭已經綴著幾個黃金一樣寶貴的嫩蕊，小心地隱藏在綠油油橢圓形的葉瓣下，透露出一點新生命萌芽的希望。

2　雨靜悄悄地下著，只有一點細細的淅瀝瀝的聲音。桔紅色的房屋，像披著鮮艷的袈裟的老僧，垂頭合目，受著雨底洗禮。那潮濕的紅磚，發出有刺激性的豬血的顏色和牆下綠油油的桂葉成為強烈的對照。灰色的癩蛤蟆，在濕爛發

> 霉的泥地裡跳躍著；在秋雨的沉悶的網底，只有它是唯一的充滿愉快的生氣的東西。它背上灰黃斑駁的花紋，跟沉悶的天空遙遙相應，造成和諧的色調。它噗通噗通地跳著，從草窠裡，跳到泥裡，濺出深綠的水花。
>
> ③　雨，像銀灰色黏濡的蛛絲，織成一片輕柔的網，網住了整個秋的世界。

資料來源：南一版國小國語五上〈秋雨〉

〈秋雨〉的文本內容分析

從文本中可以看出〈秋雨〉是一篇散文，描寫張愛玲在一個下雨的秋天所看到的情景。她用了蜘蛛網來描繪她所看到秋天下雨時灰濛濛的情形，她描寫屋頂、灰白雲、植物被雨水打到瑟縮或垂頭喪氣，讓人感到沉悶，只有一隻癩蛤蟆在雨中跳躍。最後，張愛玲用開頭的同一句話（雨，像銀灰色黏濕的蛛絲，織成一片輕柔的網，網住了整個秋的世界）做結束。（註：第一句用黏濕，最後一句用黏濡，有些許不同）

（一）第一層次：文本的字詞句段理解

從文本中可以找到許多的生字詞句，這一篇作品用了不少的生字詞句，例如：綠翳翳、蕭蕭、瑟縮不寧、憂鬱、蒼黃、薄命、霉氣薰薰、袈裟、老僧、垂頭合目、洗禮、斑駁、草窠。有些字詞不理解，並不影響讀者對文本主題的理解，例如：綠翳翳、蕭蕭、瑟縮不寧。但有些字詞不理解，就很難接續文本的意義，例如：老僧、垂頭合目、洗禮。我們可以用析詞釋義、重讀、推測、理解監控等，或者查字典策略進行詞彙理解。

（二）第二層次：文本的表層理解

在〈秋雨〉一文中，張愛玲描述秋季雨天的陰沉。在文中，作者把雨絲比喻成蜘蛛網網住整個灰色的世界，而秋天的寒意亦讓園子中的花草植物垂頭喪氣、瑟縮不已，而不再繁榮。但在沉悶的秋雨中，仍有一些嫩芽出現，透露出對生命的希望，如同老僧接受大自然的洗禮，或是猶如癩蛤蟆在泥地中雀躍。

（三）第三層次：文本的結構與推論理解

整篇文章給人一種沉悶而寂寥的感覺。是什麼造成了這種意象呢？我們可以從幾個角度來分析文本。

1.從色調分析

張愛玲用了一些不同的顏色貫穿全文，例如：銀灰色、灰白色、黃金、綠油油、桔紅色等。不同的顏色可能表現出不同的心情映照。

2.從用詞分析

- 一些負向的、沉悶的用詞，讓人感到秋天的下雨天令人不舒服：
    →銀灰色、暗沉沉、灰白色、剝落的白粉等，說明沉悶、壓抑的心情。
- 到後來情緒的轉變，她用以下語詞，來對應上面沉悶的情緒：
    →黃金、綠油油、新生命、萌芽、希望、桔紅色、跳躍、充滿愉快、生氣、和諧、跳著。

3.從句型分析

在〈秋雨〉一文中，她用了哪些句子呢？

景物	句子的描述	象徵
雨	雨，像銀灰色黏濕的蛛絲，織成一片輕柔的網，網住了整個秋的世界。	糾纏
天	天也是暗沉沉的，像古老的住宅裡纏滿著蛛絲網的屋頂。	沉悶纏繞
雲	那堆在天上的灰白色的雲片，就像屋頂上剝落的白粉。	凋落
園子植物	園子裡綠翳翳的石榴、桑樹、葡萄籐，都不過代表著過去盛夏的繁榮，現在已成了古羅馬建築的遺跡一樣，在蕭蕭的雨聲中瑟縮不寧，回憶著光榮的過去。	衰敗殘破
花草	草色已經轉入憂鬱的蒼黃，地下找不出一點新鮮的花朵；	枯黃
洋水仙	宿舍牆外一帶種的嬌嫩的洋水仙，垂了頭，含著滿眼的淚珠，在那裡歎息它們的薄命，才過了兩天的晴美的好日子又遇到這樣霉氣薰薰的雨天。	垂頭喪氣
桂花	桂花，枝頭已經綴著幾個黃金一樣寶貴的嫩蕊，小心地隱藏在綠油油橢圓形的葉瓣下，透露出一點新生命萌芽的希望。	希望萌芽

4.使用的形容詞

語詞	形容詞
深綠的水花	深綠的
桔紅色的房屋	桔紅色
潮濕的紅磚	紅磚
綠油油的桂葉	綠油油
灰色的、充滿愉快的、生氣的、灰黃斑駁的	灰色的、灰黃斑駁的
濕爛發霉的泥地	濕爛發霉的
沉悶的天空	沉悶的
和諧的色調	和諧的

- 一開始的句子：「雨，像銀灰色黏濕的蛛絲，織成一片輕柔的網，網住了整個秋的世界。」以蜘蛛網來形容秋天的雨，蜘蛛網給的感覺並不太舒服，卻劈頭就放在第一句，銀灰色、黏濕用詞的意象，就讓人快樂不起來。
- 園子裡綠翳翳的石榴、桑樹、葡萄籐，都不過代表著過去盛夏的繁榮，現在已成了古羅馬建築的遺跡一樣，在蕭蕭的雨聲中瑟縮不寧，回憶著光榮的過去。
- 草色已經轉入憂鬱的蒼黃，地下找不出一點新鮮的花朵。
- 宿舍牆外一帶種的嬌嫩的洋水仙，垂了頭，含著滿眼的淚珠，在那裡歎息它們的薄命，才過了兩天的晴美的好日子又遇到這樣霉氣薰薰的雨天。
- 只有牆角的桂花，枝頭已經綴著幾個黃金一樣寶貴的嫩蕊，小心地隱藏在綠油油橢圓形的葉瓣下，透露出一點新生命萌芽的希望。

5.從作者的心情轉換分析

　　張愛玲在〈秋雨〉一文中，形容她所看到的秋天或是說明她當時的心境。在文本中，她用灰色的天空中的灰雲與灰雨，如同蜘蛛網一般網住整個世界來形容所框住的世界，與她一開始的沉悶心情。而進入到園子中所看到的翠綠花草，也在冷冽的天氣中萎縮歎息。人再有青春繁盛的過去，在此時期仍要垂頭喪氣。但

再低迷與沉悶的秋雨情景，仍然在一些小地方透露出一絲絲的希望，不會因為外在環境而氣餒。因此，桂花冒出黃金一樣寶貴的嫩蕊，而癩蛤蟆在濕爛發霉的泥地裡跳躍著。從文本中就可以發現，張愛玲描寫所處環境的鬱悶，以及仍能不凡面對苦境的生命力。因此，在文本的描寫手法與心境寫照，都提供給人一份正向的力量。

（四）第四層次：文本的深層理解

為什麼一個 15 歲的少女就能寫出這樣一篇細膩而文采豐富的文章呢？這就要由張愛玲的生平談起。張愛玲於 1920 年出生，她的家世顯赫，出身名門貴族。在 10 歲時（1930 年），父母離異，張愛玲跟隨父親生活。11 歲就讀上海美國聖公會所辦的貴族學校——聖瑪利亞女中。不久，在那裡的第二年，她開始發表短篇小說處女作〈不幸的她〉與第一篇散文〈遲暮〉。14 歲時，張愛玲的父親張志沂再婚，但繼母對張愛玲的態度不佳，經常有爭執，甚至被虐待。〈秋雨〉一文是張愛玲在上海聖瑪利亞女中《鳳藻》1936 年刊之作品。1938 年，張愛玲與繼母及父親發生口角衝突後，離家出走投奔生母。由此可以了解在她就讀中學的期間，經歷了父母離婚與父親再續弦的遭遇，讓一個青少年在情緒上充滿衝突與挑戰。因此，在此時期張愛玲應該是苦悶的，我們就可以體會〈秋雨〉一文如何反應她當時的心情。

由上述的說明可以知道，〈秋雨〉一文不只是張愛玲在描述秋天的下雨時期，對屋外景緻的觀察，更有可能透露出她當時情緒的苦悶膠著。她的父母離異、生母離開、父親再婚、又與繼母衝突，實對她有很大的打擊。我們知道在成長發育過程中，青少年經常是父母最常面臨挫折的時期，對許多人來說，「青少年時期」就是「叛逆時期」或「狂飆時期」。不僅有強烈不成熟的個人意志，同時又有一些點點的憂愁與焦慮情緒的發展。

這一篇是張愛玲在中學時期的作品，在字裡行間隱藏著作者當時複雜而沉悶的情緒，到最後仍帶有一絲絲的希望，希望自己能像癩蛤蟆一樣，在滿空灰白的秋雨季節中，在花園裡恣意的跳躍。這個作品如果讓中學生來看，可能可以和學

生討論文句中的青少年心情狀況，但如果是給小學生來學習，要了解張愛玲當時
的心情映襯，就相對的有些太沉重，或著只能在表層字意及如何形容事物上推
疊，如此的文本探究就有些可惜。

教學策略示例（如表 2-3 所示）

表 2-3　〈秋雨〉的教學策略

閱讀理解層次	內容分析	教學策略
1.文本的字詞句段理解	綠翳翳、蕭蕭、瑟縮不寧、憂鬱、蒼黃、薄命、霉氣薰薰、袈裟、老僧、垂頭合目、洗禮、斑駁、草棄。	1. 由文字的部件推理 2. 由相關的詞彙推理 3. 由上下文脈絡推理 4. 由其他來源來理解文本，如字詞典。
2.文本的表層理解	1 作者用了哪些方法來描述其所看到的景物？ 2. 作者用什麼內容來描述秋雨？ 3. 在〈秋雨〉一文中，作者觀察到哪些景物？如何描寫那些景物？ 4. 在《秋雨》一文中，作者怎麼描寫植物？	1. 六何法 2. 段落大意 3. 全文大意
3.文本的結構與推論理解	1. 作者用什麼詞彙讓文章顯出沉悶而寂寥的感覺？ 2. 說明文本的內容舖陳的結構。 3. 請用一個概念圖或心智圖畫出本文的結構。 4. 作者運用什麼組織方式建構文本？ 5. 文本中最多的形容詞是用什麼方法來表現？ 6. 作者如何描寫景物，寓情於景？ 7. 文本的最大特色是什麼呢？ 8. 張愛玲在這一篇文本的文學風格及文字特色為何？ 9. 除了作者觀察到的景物，在秋天下雨時還可以觀察哪些景物，與如何描述景物？ 10. 從文本的哪些地方，透過文本分析，找出作者的心情寫照。 11. 銀灰色黏濕的蛛絲給你什麼樣的感覺？為什麼？	1. 文本結構 2. 關係與因果 3. 文本推論 4. 找支持的理由 5. 連結線索 6. 理解監控 7. 有層次的提問

表 2-3 〈秋雨〉的教學策略（續）

閱讀理解層次	內容分析	教學策略
4.文本的深層理解	1.作者在寫這篇文本時的心情為何？有其他變化嗎？ 2.為何她在年輕時，就承載著如此沉重的悲痛？ 3.作者是否反應她當時的情形？ 4.從文本中，可以猜測作者當時的心情為何？從哪邊看出來的。 5.說說看，自己對「秋雨」的感受，是否和本文相同？ 6.如果要寫成歡樂版的秋雨，你會如何描述？ 7.還有哪些作者或文章描寫秋天？他們怎麼描寫？差別在哪裡？ 8.你對秋天下雨的感覺是什麼？你會怎麼形容秋天下雨的感覺？ 9.如果作文是〈春日〉，你會用什麼技巧來架構文章？ 10.找一個情境，學習張愛玲去觀察與描述這個地方。也可以小組合作討論。	1.不同觀點 2.作者意圖 3.詰問作者 4.與其他文本比較 5.寫作技巧 6.文本隱含

捌、文本分析的閱讀教學

　　文本分析的閱讀教學可以分為四個階段：第一階段為文本分析；第二階段為教學設計；第三階段為教學實施；第四階段為教學評量（請參考圖 2-4 與圖 2-5）。以下分別說明之。

一、階段一：文本分析

　　教學分析包含文本教材分析，即是針對文本的內容與形式，以及對文本的額外補充，例如：對作者的意圖與寫作技巧進行分析。文本分析的閱讀教學第一階段的文本分析，可以從以下幾個議題來思考。

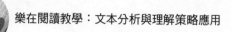

1.寫什麼？（what）：作者寫這篇文章最重要的概念與目的為何？

2.如何寫？（how）：作者用什麼方式與技巧撰寫文本，有哪些特別的地方？

3.為什麼寫與為什麼這樣寫？（why）：作者為什麼要寫這篇文本？為什麼這樣寫？跟他個人的經驗與背景有什麼關係？

4.有需要深入的文本分析嗎？（why）：這篇文章的層次是否需要進行很深入的文本分析？還是只要一般性的探討教學？

亦可以如同本書所包含各篇章教學的範例，其中包括：

1.文章大意：概覽全文、段落大意、全文大意。

2.課文結構：文本階層、結構圖、心智圖。

3.生難字詞：文言文中的虛詞、特定詞彙、專門詞彙。

4.全文深究：寫作手法、作者意圖、文本賞析與評論。

二、階段二：教學設計

上一階段的文本分析是了解文本中有多少的要素可以教給學生，而這一階段的教學分析，則是同時了解學生的背景知識經驗與困難，以及可以使用哪些有效的閱讀教學策略來進行。因此，老師需要思考要教哪些東西給學生，以及了解要用什麼方法進行教學。此階段的重點在於把第一階段的文本分析，移轉到第二階段的教學設計，例如：要教什麼重點？為什麼教？要如何應用與執行這些閱讀策略？要使用什麼方式進行？此階段就如同教學過程中的教案設計。其中，有幾個思考的重點，例如：要教什麼重點？（what）：重點是否適合學生年齡與認知水準？教師想要教學生學到哪些重點？為什麼要教這些重點？（why）：學生適合學哪些重點？要學到什麼樣的程度？決定教學的重點之教學設計可以從以下三面考量。

（一）學生的經驗與困難為何？

主要是針對學生的背景知識經驗進行分析。學生的年齡層、成熟度以及過去

對相關文本的經驗，例如：學生會什麼與不會什麼，以及要學什麼。文本分析與學生經驗分析二部分，讓教師思考與決定要讓學生學習什麼。如果學生已經有類似的經驗，教師就不需要在文本的內容或階段打轉，可以往更高層次的閱讀理解進行教學。如果學生能力較弱，教師則更需要在學生基礎能力的部分琢磨，以培養學生穩固的基本能力。

1.學生曾經學過哪些相關的文本？

2.學生懂哪些？不懂哪些？學生的經驗如何影響他們對文本的理解？

3.有哪些生難字詞句段會造成學生的困難？

4.可以如何引發學生的學習興趣與動機？

5.學生可能會面臨其他什麼困難？

（二）用什麼閱讀策略教學？

閱讀策略分析則是當了解教材重點與學生能力後，教師思考與選擇何種閱讀理解策略進行教學，協助學生理解文本，例如：用什麼閱讀理解策略教什麼，是提問策略、摘要策略、結構圖／心智圖策略，或是推論策略等。另外，思考閱讀理解策略要如何教，例如：要用明確教學、小組合作學習、差異化教學、主題計畫教學等。

1.使用什麼教學策略？（how）：提問教學、摘要、推論、文本結構或理解監控等策略。

2.要怎樣應用這些閱讀策略進行教學？（how）：要如何使用這些策略來進行教學？

3.有哪些閱讀策略適合此文本之教學？例如：摘要策略、提問策略、推理策略或其他策略？學生之前學過要教的策略嗎？

（三）教學重點與步驟

由於文本的特色與學生的背景知識經驗不同，因此需要有效的選擇不同策略進行教學，這樣除了可以提升學生對文本的理解，亦可以增進學生學習運用不同

的閱讀理解策略來解決理解的問題。整合三個部分的分析，就能讓教師比較清楚教學的目標與教學方法。

1.先教什麼，再教什麼？（how）：教學的步驟為何？有多少時間？要教得多深入？

2.教學過程中引導學生的方式為何？（how）：明確教學、引導教學、小組合作討論或其他活動方式？教學流程為何？

3.要使用什麼方式進行教學？示範、討論、提問或其他？

4.要如何引發學生的學習動機與興趣？是從學生的過去經驗，或是從以前教過的文本，或是從上一節課的文本複習？

5.如何檢核與評估學生的學習表現？如何知道學生學會了上課的重點或目標？用什麼方法來評估？

三、階段三：教學實施

從上述的構思與教學設計，進行到第三階段的教學實施：

1.在教學過程中，是否能依教學計畫執行？

2.在教學過程中，學生的學習反應為何？

3.在教學過程中，是否有其他影響教學的因素？

4.是否從學生的理解中，再提出問題，引導學生深入探討文本。

5.討論文本內容中明確的意義，以及形式特徵與結構。

6.討論文本內容以外所可能隱含的意義，以及形式特徵與結構。

四、階段四：教學評量

1.評估是否達成目標的方式為何？

2.評估學生的學習重點與表現為何？評量認知、策略使用或情意？

3.評量的方式是什麼？

4.在教學過程中，學生的學習反應為何？還有哪些不懂的地方？

5.學生是否達成目標？

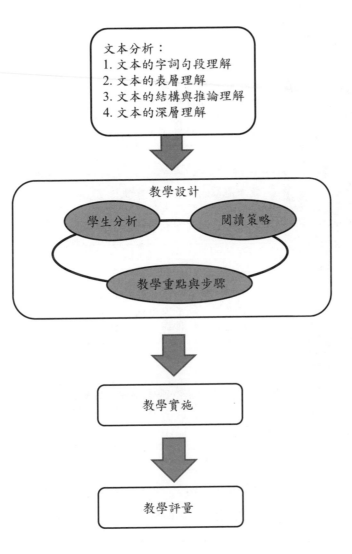

圖 2-4　文本分析的教學流程

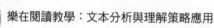

文本分析	・階層一：文本的字詞句段理解 ・階層二：文本的表層理解 ・階層三：文本的結構與推論理解 ・階層四：文本的深層理解
教學設計	・學生背景知識經驗與困難分析 ・教學策略分析 ・教學重點與步驟 ・評量分析：評量的重點為何？方式為何？
教學實施	・教學是否能依教學計畫執行？ ・學生的學習反應為何？（what） ・是否有其他影響教學的因素？
教學評量	・想要評估學生的什麼表現？評量的方式是什麼？ ・評量認知、策略使用或情意？ ・是否達成教學目標？（what）

圖 2-5　文本分析的教學流程之教學重點

6.對未來的教學有何種啟示或修改？

　　有關閱讀理解策略教學，教師可以參考「課文本位閱讀理解教學‧教學策略資料庫」網站（http://tbb.nknu.edu.tw/）與《閱讀理解策略教學》一書（曾玉村等人，2017），所列有關國中階段的策略成分表（如表 2-4 所示）。閱讀策略成分表包含詞彙策略與閱讀理解策略二大部分，其中的閱讀理解策略提供許多閱讀教學的策略。教師可以用不同閱讀策略進行教學，引導學生進行不同方向的思考，讓學生從教師的引導中，檢索並整理文本中的訊息，來歸納文本中所找到的訊息，並培養有策略閱讀的讀者。另外，詞彙策略包含詞彙解碼與詞彙流暢二個策略，而閱讀理解策略包含摘要、推論、自我提問、理解監控與筆記等策略。本書亦有提供文本結合各項閱讀策略，介紹給教師，讓教師可以知道如何使用。

表 2-4　國中國語文領域閱讀教學策略與成分表

策略	教學重點	說明
詞彙（解碼）	詞素／析詞釋義／上下文	詞素、析詞釋義、查辭典與國小策略相同。找出文章中不懂的字詞，並由上下文句脈絡中推測出不懂字詞可能的涵義，進而判斷出字詞意義是否能正確表示文章的涵義。
流暢	朗讀	透過朗讀增強（檢視）學生閱讀之流暢性。
摘要	刪除／歸納／主題句	與國小策略相同。但若學生已學會刪除／歸納／主題句，則不需再進行此策略教學。
	用文章結構寫摘要	讀完文章之後，切分出意義段，判斷意義段間的關係，摘出意義段重點與決定結構類別*，最後綜整出全文摘要。
推論	連結線索（連結詞）	必須從不同的句子中找出相互對應的詞彙或概念，相互連結，形成有意義且連貫的心理表徵。連結線索策略包括：指示代名詞、轉折詞。
	連結文本內的關係	引導學生分辨合理的各類句型，並說明前後句／段落的關係，進而能使用各類句型找出課文段落內或段落與段落間的關係。
	由文本找支持的理由	作者在文章中提出某個想法或觀點，或是讀者根據文本內容整合出某些想法或觀點，而這樣的想法或觀點要能從文本中找到支持的理由。
	找不同的觀點	當文章內容呈現出不同立場的不同觀點時，讀者要能夠在句子、段落間閱讀整理出特定觀點後，再全文比較觀點間的不同之處。
	連結背景知識	讀者利用己身的先備知識、背景知識等和文本做連結，探討文章內容與主題間的相關。
自我提問	有層次的提問	引導學生運用自我提問策略，從文本學習提出事實、推論、評論等不同層次的問題，藉此加強學生對文本的閱讀理解，以及對於文本理解的後設認知。
	詰問作者（賞析：情感、美感、文學畫面、寫作手法、作者意圖）	詰問作者的教學目標是引導學生在閱讀中能自我思考，並向作者提出問題。透過討論教學，學生能評論作者書寫方式是否完整表達其意思，並澄清閱讀文章時找不到答案的問題。此外，學生能試著推論文本中的作者思考與文本編排、選材撰寫的用意。
理解監控	理解監控	用上述策略進行理解監控。在閱讀的過程中，讀者對於自己理解狀況的自我評估與策略的運用。

表2-4 國中國語文領域閱讀教學策略與成分表（續）

策略	教學重點	說明
筆記	重要概念	閱讀時在文章中畫記重點，例如：畫線、圈出關鍵詞句、標記數字表示順序或類別、註釋等，使用符號或圖表形式思考與組織閱讀的內容。
	圖／表整理（讀者自己組織）	將有關係的文字訊息表現出來，所以在各段落與跨段落中會將相同、相異性質的資訊整理出來，並以圖表方式呈現。

註：在不同情況下，「摘出意義段重點與決定結構類別」的順序可互換，有時採取1摘出意義段重點2決定結構類別；有時是1決定結構類別2摘出意義段重點。

資料來源：課文本位閱讀理解教學‧教學策略資料庫（2012）

　　從上述的說明可以了解，文本分析的教學是多元而連貫的。教師多一點點的分析與準備，就能帶領學生進行不一樣的語文與文學花園。如果教師能從教學前的文本分析、到教學設計（包含學生分析、閱讀策略分析與教學重點分析）、再進入到教學實施、最後到教學評量，此一系列的分析思考，讓文本分析策略教學能不斷精進。

　　教師可以依照文本的特質、學生的年齡與程度、教學的時間做調整。有些文本可能看完就懂了，但有些文本卻是需要一讀再讀，不斷品味文本中的細節，同一篇文章可能會在不同的時間、地點或人生的不同時期，會有不同的體悟。

　　但進行閱讀教學時，教師亦需時時提醒自己與學生，任何的分析與評論最終仍帶有主觀的成分，並不一定會完全呼應作者的原意與旨趣；或者，有時讀者只是想輕輕鬆鬆的讀一篇作品，而不想大費周章，也是一種閱讀的樂趣，不應加以磨滅，只要概覽暢快的閱讀就好。

玖、結論

> 子曰：知之者不若好知者，
>
> 　　好知者不若樂知者。

在中學語文領域教科書中，有些文本是一看就能懂其內容大意與主旨，但有些文本則需要細細咀嚼文本的滋味，此時老師就要扮演臨門一腳的角色。教學的基本目的是協助學生能讀到文本的核心概念與價值，教師的提問與引導就變得非常重要，因此教師需要能有一個清楚的教學脈絡或圖像來引導學生探索文本。

在教學時，雖然教師已經有預想的文本分析結構，但如果學生可以提出自己的觀點，有時也會有令人驚艷之作，教師亦應加以鼓勵之。教師可以讓學生說明他所持觀點的理由，只要學生的推論或詮釋不要離題太多，都應加以鼓勵，以培養他們的推論能力。教師亦可以了解學生的看法，說不定還能看到學生有超越教師見解的地方，進而產生「教學相長」的益處（連啟舜、曾玉村，2017）。這種作法除了獎勵學生有自己的思考外，同時亦能鼓舞學生朝對文本採取主動探究之途。而不同的學生因為經驗與背景不同，因此可能會提出不一樣的觀點，有些觀點成熟、有些觀點不成熟、也有些觀點會讓人讚嘆，但這些差異都是課堂中重要的資源，讓學生了解原來同一篇文章會有這麼多種不同的觀點與想法。教師應珍惜這樣的經驗，讓學生彼此分享其間的異同，同時學會尊重不同的意見，並練習表達與溝通的能力。

增進學生閱讀理解發展的教學是很緩慢的，雖然緩慢或慢工出細活的教學方式似乎不是現代社會所需要的方式，這些都可能成為這個時代的缺點而非優點；但唯有良好的文本分析與細細咀嚼的教學，才能培養學生品味到閱讀的美好滋味，以跳脫文字的表象，進入到文本的深髓之中。好的教師在教學過程中，會另闢蹊徑，用不一樣的眼光來引導學生閱讀文本，讓學生的閱讀思考發光。文本分

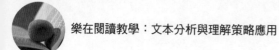

析亦是提升教師與學生對文本深入理解的一項重要工具，但它不是一蹴可成，需要多次的帶領與引導。操之過急會讓學生感到閱讀負擔沉重。精緻的引導，同時能引發學生探索文本的樂趣，讓學生學習去品味文學的美好，也學會分析事理的方法，這才是閱讀教學的最終目標。教師教學應保持彈性，明確教學並引導學生探索，讓學生熟悉賞析與評論文本的基本閱讀技巧，也讓學生知道有許多不同的方法閱讀文本。

參考文獻

中文部分

吳敏而、侯秋玲（譯）（2016）。**核心問題：開啟學生理解之門**（原作者：J. McTighe & G. Wiggins）。新北市：心理。

宋偉航（譯）（2014）。**曼古埃爾論閱讀：從愛麗絲談起**（原作者：A. Manguel）。臺北市：臺灣商務。

胡永崇（譯）（2016）。閱讀的評量與教學：音韻覺識、語音、與識字。載於胡永崇等人（譯），**學習障礙與補救教學教材教法**（原作者：S. R. Vaughn 與 C. S. Bos）（頁 7/1-46）。臺北市：華騰文化。

徐進夫（譯）（1975）。**文學欣賞與批評**。臺北市：幼獅。

郝明義、朱衣（譯）（2007）。**如何閱讀一本書**（原作者：M. Adler & C. Van Diren）。臺北市：臺灣商務。

馬景賢（2000）。**跟父母談兒童文學**。臺北市：國語日報社。

國立臺南大學 PISA 國家研究中心（2008）。**PISA 閱讀素養應試指南**。取自 http://pisa.nutn.edu.tw/download/Publishing/pisa_read_guide.pdf

連啟舜、曾玉村（2017）。讀懂弦外之音：閱讀中的推論。載於柯華葳（主編），**閱讀理解策略教學**（頁69-90）。臺中市：教育部國民及學前教育署。

曾玉村（2017）。總論：閱讀理解的認知歷程與策略教學。載於柯華葳（主編），**閱讀理解策略教學**（頁1-22）。臺中市：教育部國民及學前教育署。

曾玉村、洪儷瑜、王宣惠、陳秀芬、陸怡琮、方志豪、⋯張菀真（2017）。**閱讀理解策略教學**。臺中市：教育部國民與學前教育署。取自 http://pair.nknu.edu.tw/Pair_System/fckeditor/ckfinder/userfiles/files/閱讀理解策略教學.pdf

楊茂秀（2003）。**手拿褐色蠟筆的女孩**（原作者：V. G. Paley）。臺北市：成長文教基金會。

楊茂秀（2010）。繪本大地的地圖與指北針。載於楊茂秀、黃孟嬌、嚴淑女、林

玲遠、郭鍠莉（譯），**話圖**（原作者：P. Nodelman）（頁 9）。臺東市：兒童文藝基金會。

詹士宜、卓曉園、林健禾（譯）（2016）。 學科領域的學習與詞彙教學。載於胡永崇等人（譯），**學習障礙與補救教學教材教法**（原作者：S. R. Vaughn 與 C. S. Bos）（頁 10/11-51）。臺北市：華騰文化。

劉曉樺（譯）（2016）。**如何閱讀一本小說及其他**（原作者：W. Lesser）。臺北市：如果。

課文本位閱讀理解教學・教學策略資料庫（2012）。**國中閱讀教學策略與成分表**。取自 http://pair.nknu.edu.tw/pair_system/UploadFile/News/2018102314384 9/107 國中閱讀教學策略與成分表.pdf

鄧蕙瑩（2018）。淺論《儒林外史》中的邊緣人物與清代社會。載於嶺南大學中文系（編），**考功集 2017-2018：畢業論文選粹**（頁 174-193）。香港：嶺南大學中文系。

鄭明娳（2018 年 9 月 11 日）。《儒林外史》的現代閱讀。**聯合文學**。取自 https://udn.com/news/story/7032/3359138

鄭冠榮、彭錦堂（2003 年 2 月 28 日）。 文本分析研讀會（3）：以巴赫金（M. M. Bakhtin）為論述中心。中興大學文學院。取自 http://audi.nchu.edu.tw/～chenlin/text/text3/text3%20record2,3.pdf

英文部分

Fisher, D. B., Frey, N., & Lapp, D. K. (2016). *Text complexity: Stretching readers with texts and tasks* (2nd ed.). Thousand Oaks, CA: Corwin.

Kintsch, W. (1998). *Comprehension: A paradigm for cognition*. New York, NY: Cambridge University Press.

Mullis, I. V. S., & Martin, M. O. (2015). *PIRLS 2016 assessment framework* (2nd ed.). Chestnut Hill, MA: TIMSS & PIRLS International Study Center, Boston College.

Organisation for Economic Co-operation and Development. [OECD] (2016a). Modular structure of the PISA 2015 context assessment design. In *PISA 2015 Assessment and Analytical Framework: Science, Reading Mathematic and Financial Literacy.* Paris, France: OECD Publishing. http://dx.doi.org/10.1787/9789264255425-en

Organisation for Economic Co-operation and Development. [OECD] (2016b). *PISA 2015 assessment and analytical framework: Science, reading, mathematic and financial literacy.* Paris, France: OECD Publishing.

Snow, C. E. (2002). *Reading for understanding: Toward an R&D program in reading comprehension.* Santa Monica, CA: RAND Corporation.

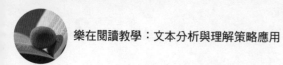

第三章

國語文閱讀理解與閱讀策略教學

陸怡琮[1]

壹、前言

　　閱讀是現代公民面對知識經濟社會必備的基本能力，它讓成人在離開校園後仍可以持續終身學習，達成個人職涯目標，並能了解與參與社會。閱讀也是學生課業學習的重要工具，各學科領域的學習都需要透過閱讀教科書、網路資料和其他參考資料，來建構對學習內容的深入理解。學生是否具備閱讀力與如何培養學生具備此能力，是世界各國教育界普遍關注的議題。

　　面對資訊爆炸的未來社會，臺灣學生是否具備足以有效因應的閱讀力呢？從2006 年開始，每三年一次，臺灣的中學生參與了「國際學生能力評量計畫」（Programme for International Student Assessment，簡稱 PISA），對世界四十幾個國家或地區 15 歲中學生進行的閱讀素養評比，在 2006、2009、2012、2015 年，臺灣分別名列 16、23、8 和 23 名；相對地，我們鄰近的香港、新加坡、日本、韓國與上海學生歷年來都在前 10 名，甚至前 5 名。此顯示臺灣中學生的閱讀力仍有很大的進步空間。

　　從閱讀發展來看，國中生處於「讀以學」（reading to learn）階段（Chall, 1983）。此時，學生已具備基礎的識字、流暢性與詞彙能力，可以將閱讀當成學

---

1. 國立屏東大學教育學系副教授。

習的工具。為了學習新知，中學生需要閱讀的多是陌生主題的文本，其中有許多不熟悉的困難詞彙，且書寫的語言結構日漸複雜。由於文本的難度提高，許多中學生因此遭遇到閱讀困難，進而影響了學科的學習（Wharton-McDonald & Swiger, 2009）。國中生在國語文的學習上正面臨此一困難。比對國小與國中的國語文課文可以發現，國中課文皆是選自名家作品，不像國小課文為配合學生的閱讀發展而經過簡化，因此國中國文的文章長度明顯較長，文章結構變化多端，句子長度更長且句法較複雜，語詞難度較高，且除了白話文外，還有語詞更陌生、句子更精煉，與口語差距更大、難度更高的文言文。由此來看，難怪許多國中生認為國文是個困難的科目。

國文教室中常見的講授式教學，是由教師將自己對文本中的字詞、句子與文意理解講給學生知道。經過教師的詳細講解，確實能讓學生了解該篇文章的意義。然而，此一作法不易產生學習遷移。經過多課的教學後，學生未必就能學會如何自己解讀一篇新的文章，因此有些學生必須持續依賴教師的解釋來理解文章，而無法發展出能獨立面對陌生文本的自學能力。

研究閱讀的學者因此一再呼籲，協助中學生學會如何自己讀懂愈來愈複雜的閱讀材料，也就是教導學生閱讀策略，確有其必要性（Wharton-McDonald & Swiger, 2009）。然而，什麼是閱讀理解策略？為什麼閱讀理解策略會有助於閱讀理解？閱讀理解是可教的嗎？有哪些閱讀理解策略適用於國中國文科教學？閱讀理解策略要怎麼教？接下來，本文將從閱讀理解的認知歷程來說明什麼是閱讀理解策略，然後逐一回答這些問題。

貳、閱讀的認知歷程

閱讀是一個非常複雜的認知歷程，在此過程中讀者與文本、閱讀情境不斷互動，以建構意義，獲得對文本內容的理解，因此閱讀理解是閱讀的核心與最終目的（Mayer, 2008）。為達到理解的目的，讀者必須有意識的採用問題解決式之思考歷程去與文本中的訊息互動（National Reading Panel [NRP], 2000）。也就是

說，閱讀理解是個主動的歷程，讀者須主動運用相關的先備知識來詮釋文章意義，與作者展開隔空對話；閱讀理解也是個問題解決的歷程，讀者須彈性的運用各種策略，解決建構文章意義時所遭遇到的困難，以確保理解目的能達成。

讀者在閱讀時經歷了哪些認知歷程？Gagné（1985）指出，閱讀歷程包含識字解碼、字面理解、推論理解和理解監控四個部分。讀者首先需要解碼文字符號，從長期記憶中提取可能的字義，然後在句子的脈絡中決定最適當的字義，並分析句子的語法結構和字詞間的關係，得出句子的表面意義。若要更深入了解文章的意義，則要進一步透過連結前後文概念（整合）、概括文章或段落要旨（摘要），以及將文章中訊息與先備知識連結（精緻化），進行推論理解。此外，讀者還需要啟動後設認知進行理解監控，他們會設定閱讀目標，根據目標選擇適當的閱讀策略，不斷的檢核閱讀目標是否達成；當偵測到遭遇困難時，則採取適當措施修正。

不同讀者在「讀懂」後對文本的理解未必相同。Kintsch（1988）認為，閱讀理解有三種不同層次：表層理解（surface code）、文本表徵（textbase）與情境模式（situation model）。表層理解是指，讀者對所讀到的句子做字詞辨識與句法分析，形成對句子的簡單理解。通常讀者如果可以正確又流暢的讀出文句，且知道它的意義，就是達到這個初步理解的層次（曾玉村，2017）。文本表徵是指，讀者根據文本明確表達的內容建立的內在心理架構。當所形成的架構是屬於局部層次、連結句子間的，且是有關文章細節描述與具體例子的，即稱為微觀結構（microstructure）。讀者常需要對代名詞做推論和進行句子間的簡單推論，才能形成連貫的微觀結構。而當形成的架構是屬於整體層次、連結段落間、具階層性，且是有關文章主旨與整體架構的，則稱為巨觀結構（macrostructure）。要形成巨觀結構，讀者必須辨識出文章中各重要主題與其之間的關係。文本基礎呈現的是文章中明確陳述的意義，亦即表層意義。若要進一步形成對文章意義的深層理解，就需要將文本基礎表徵與先備知識加以連結與整合，建構出文本所指涉的情境或場景，此即為情境模式（situation model）。情境模式未必一定是語言形式，它也可能包含圖像、情緒與個人經驗（Kintsch & Raw, 2008）。讀者所建構

的情境模式愈完整，理解就愈有深度，此時讀者不僅可詮釋文本意義，甚至可賞析與批判文章。

Swaby（1989）則認為，閱讀理解是一種技能，讀者可能發展出四種不同層次的閱讀理解：字義理解是指，讀者可從字句的語意了解文章明確表達的想法與主要概念；推論理解是指，讀者能根據文章所描述的訊息，加上自身的經驗和直覺來推論文中隱藏的意涵；評鑑理解是指，讀者能依據文章中的訊息產生自己的觀點；批判理解則是指，讀者能分析文章中的寫作格式與內容。

綜整這幾個理論的看法，要真正讀懂一篇文章，讀者需要辨識字詞、讀懂句子、整合出句子間的表層意義、抽取出文章主旨與整體架構、推論文章「意在言外」的隱藏意涵、評鑑文章內容以形成自己觀點、批判文章內容、結構與作者寫作風格，並對閱讀歷程進行理解監控。這除了顯示閱讀理解的高度複雜性，也提示了讀者在閱讀歷程中為了達到理解所需要採取的理解策略。接下來針對閱讀理解策略做進一步說明。

參、閱讀理解策略

閱讀理解策略是讀者為了促進自己對文意的理解與記憶，而刻意採取的目標導向作法（Afflerbach, Pearson, & Paris, 2008; Kintsch, 1998）。研究發現，優讀者在閱讀時，會主動採取一些方法來幫助自己的理解（Duke & Pearson, 2002; Pressley & Afflerbach, 1995）：

- 閱讀前設定閱讀目標，並在閱讀中不斷評估文本及自己所讀到的，是否有助閱讀目標的達成。
- 閱讀前瀏覽文本，注意文本結構和與閱讀目標較有關的部分。
- 根據先備知識與目前讀到的內容作預測，並在稍後的閱讀中檢核該預測是否正確。
- 嘗試找出不熟悉的字詞或概念之意義。
- 有意識或自動化的做推論，連結前後文。

・將文本內容與先備知識連結、整合、做比較。

・思考作者的寫作風格、信念與意圖。

・決定文章中的重要概念，並整合重要概念，形成摘要。

・做筆記。

・持續監控對文本的理解情形，當理解遭遇困難時，採取適當的調整策略。

　　這些優讀者的閱讀行為呼應了前述閱讀歷程理論的看法：閱讀是個需要認知投入與主動建構的歷程。優讀者所採用的這些策略，幫助他們連結前後文，抽取文章要旨，覺察文章的整體架構，形成文本表徵，理解文本中明確陳述的意義。這些策略也促使他們將文本訊息與先備知識做連結，建構出情境模式表徵，因而得以詮釋文本的隱含意義，甚至進一步對文章內容和作者意圖進行比較與評估。

　　然而，並不是每位學生都能從閱讀經驗中自然的發展出這些有效的閱讀策略（Wharton-McDonald & Swiger, 2009），但另一方面，這些策略是可教的。過去三十年，國內外有關閱讀策略的研究證據清楚的顯示，優讀者所使用的閱讀理解策略是可以教給學生的，且當學生學會使用策略，其閱讀理解就會有效提升（謝進昌，2015；Duke & Pearson, 2002; Pressley, 2006）。以下逐一介紹這些有效策略。

一、摘要

　　摘要是指，讀者抽取出文本中的重要訊息，再經統整濃縮後，形成能代表文章內容的簡要敘述或架構（陸怡琮，2011；Duke & Pearson, 2002）。為了產生摘要，讀者必須反覆評估文本訊息的重要性，聚焦注意力於重要概念上，嘗試連結這些重要概念，並將之連結先備知識，這個主動建構意義的過程就能促成對文本意義的深度理解（陸怡琮、方志豪、林怡君、李燕芳，2017）。

　　文章摘要包含文章大意（summary）、文章結構（text structure）、概念圖（concept map）等多種形式。文章大意是用連貫的文字說明文章重點；文章結構是以圖或表簡要的呈現出文章的組織架構；概念圖則是以圖標示出文章中的重要

概念，以及這些概念彼此間的關係（陸怡琮等人，2017）。其中，文章大意與文章結構較常用於語文科的學習，而概念圖則較適用於科學或社會領域的概念學習。以下針對摘取文章大意與摘取文章結構這兩種摘要作法，略加說明。

（一）摘取文章大意：刪除／歸納／主題句

讀者如何摘取文章大意？由摘要歷程的研究得知，讀者會透過「刪除」文章細節與重複訊息來找出文章重點，再針對一系列的語詞或句子進行「歸納」，以濃縮文章內容，找出主題句，最後再進行文字的「潤飾」，即可形成精簡且連貫的文章大意（陸怡琮，2011；Brown, Campione, & Day, 1981）。此摘取大意的歷程（如圖 3-1 所示）即稱為「刪除／歸納／主題句」。

圖 3-1 摘取大意的歷程
資料來源：陸怡琮等人（2017，頁 43）

從摘取大意的自然發展來看，國小五年級學童會採取「刪除再全文照抄」的方式摘取大意；到高中、大學階段，學生才會透過先刪除，再歸納統整相關概念的作法摘取大意（陸怡琮等人，2017）。另外，研究發現刪除／歸納／主題句是可以教會小學生，並能促進其大意品質與閱讀理解（陸怡琮，2011）。據此來看，若在國小階段未接受過有系統的摘要教學，國中生仍可能已能自行找出文章重點，形成大意。但另一方面，可能還有相當比例的國中生尚未發展出此能力，對這些學生實施摘取大意教學應能協助他們學會有效的找出文章重點。

（二）摘取文章結構

以文章結構寫摘要是指讀者藉由覺察文章的組織架構，來幫助自己找出文章重點與這些重點間的關係（曾玉村，2017）。為讀出文章結構，讀者會先根據文

章標題，將文章切分成幾個大的段落，也就是所謂的「意義段」，然後找出這些意義段之間的關係，就能決定文章結構，接著針對各意義段分別摘出重點，再整合這些重點，就能形成全文摘要。

文章結構與文體有關。故事或敘事的記敘文會說明事情發生的背景（時間、地點、主角）、原因、經過和結果。用來解說事物、闡明事理的說明文，則分為五種結構：描述／列舉、序列、比較／對照、因果關係及問題解決，這五種結構都有對應的常見提示詞；當文本中出現特定提示詞，就可據以判斷其所屬結構。至於用來分析事理，闡明觀點和主張的議論文，其結構包含論點及數個支持論點的論據與論證。這些結構都有對應的結構圖，讀者在判斷出文章結構後，即可以畫出適當的結構圖表達文章各重點間的關係；讀者所形成的結構圖，對於理解、學習與記憶文本內容是很有幫助的（Duke, Pearson, Strachan, & Billman, 2011）。這些不同類別文章結構的定義、常見提示詞與結構圖，整理於表 3-1 所示。

與刪除／歸納／主題句相較，文章結構更適用於較長的文章，讀者可以透過整併段落與讀出段落間的關係，有效率的找出長篇文章的重點，並建立連貫的心理表徵。研究也確實發現，讀者對文章結構的覺察有助閱讀理解與記憶，而教導學生如何讀出文章結構，進而形成重要概念的階層式摘要或視覺表徵（如概念圖、結構圖或表），也對幫助學生理解或記憶重要概念有明顯的效果（Duke & Pearson, 2002）。

表 3-1　各類文章結構的定義、常見提示詞與結構圖

文章結構	定義	常見提示詞	結構圖
故事結構	描述事件發生的背景（時間、地點、主角）、原因、經過、結果	--	背景 → 原因 → 經過 → 結果
描述／列舉	描寫主題的特徵、特色或屬性，並舉例說明	特色、例如、特徵、包括、像是、舉例來說	
序列	依時間順序或用數字編序將訊息分別描述	第一、第二、首先、其次、接下來、然後、最後	
比較／對照	解釋幾個概念或事物間的相同與相異處	相同、不同、相似、或是、雖然、然而、相較於、除非、不同於	
因果關係	討論事情間的因果關係，也可能只討論原因或結果	由於、所以、因為、原因、結果、因此、因而、導致、後果	原因 ⇒ 結果
問題解決	呈現一個問題及其解決方法	問題、難題、解決、因為、所以、為了、解答	問題 ⇒ 解決
議論結構	提出論點與支持論點的數個論據與論證。	--	論點 → 論據、論證 1 / 論據、論證 2 / 論據、論證 3

註：--表示無此項。

二、推論

　　推論是指，文章中沒有明說，讀者自己加入訊息，以使文本意義更清楚的歷程（曾玉村，2017）。推論是閱讀認知歷程中很重要的成分（見 Gagné 或 Kintsch 的閱讀理論），因此當讀者能夠運用推論來閱讀文本，其理解自然就能夠提升。推論的類型有許多種，包含：連結線索、連結文本內的關係、由文本找支持的理

由、找不同觀點，以及連結背景知識等。

「連結線索」是最簡單的推論，是指從文章中的前後句子找出相對應的語詞或概念，將它們連結起來，以形成連貫的閱讀表徵。常見的連結線索包括指示代名詞與轉折詞的推論。當文章中出現指示代名詞時，例如：「鳥到這種地步，我想牠的苦悶，大概是僅次於黏在膠紙上的蒼蠅；牠的快樂，大概是僅優於在標本室裡住著罷？」（梁實秋〈鳥〉），讀者要能推論文章中的兩個「牠」指稱的都是鳥，而不是蒼蠅，才能正確理解文意。而當文章中出現「但是」、「卻」、「雖然」這類轉折詞時，代表語意出現明顯的改變，例如：「我在康橋時雖沒馬騎，沒轎子坐，卻也有我的風流」（徐志摩〈我所知道的康橋〉），「卻」這個轉折詞，提示讀者此句的前後語意發生了轉折，作者沒馬騎、沒轎子坐應該很不開心，但作者說「卻也有我的風流」，提示讀者需要進一步做出語意的推論。

另一種推論是「連結文本內的關係」，是指找出前、後句子間或前、後段落間的關係，其中最常見的是連結因果關係的推論。讀者若能把文章中的事件原因和結果連結起來，就能形成較連貫的閱讀表徵，例如：「釋之為廷尉。上行出中渭橋，有一人從橋下走出，乘輿馬驚。於是使騎捕，屬之廷尉」（司馬遷〈張釋之執法〉），為理解這一段文字，讀者需要覺察句子間存在因果關係，並把它們連結起來：「因為」有一人從橋下走出，「所以」乘輿馬驚；「因為」乘輿馬驚，「所以」使騎捕，屬之廷尉。經由連結因果的推論，此段文字的意義就更清楚了。

「由文本找支持的理由」是另一種常用的推論。作者為了傳達想法，會在文章中明確提出自己的觀點或是將觀點隱含在文字中，並提出理由來支持其觀點。因此，讀者為了理解文章意義，就需要由文本中找出或是由文本內容整合出作者想要傳達的觀點，並從文本中找出支持這些觀點的理由，例如：在鄭燮〈寄弟墨書〉一文中，作者在第二段明確指出其觀點：「我想天地間第一等人，只有農夫，而士為四民之末」，要了解此文意義，讀者需要辨別出這是作者的主要觀點，然後在文本中找出作者提出了哪些理由支持此觀點，將它們與作者觀點連結起來，甚至可進一步思考作者是否提供了充分的理由來支持其觀點。

有時文章中呈現了不只一種觀點，此時就需要「找不同觀點」的推論。讀者需要在句子、段落間整理出有哪些特定觀點，再比較這些觀點間有何不同，進而思考哪一個觀點是作者想要傳達的，而讀者自己又支持哪一個觀點，例如：在司馬遷〈張釋之執法〉一文中，文帝與張釋之對於犯蹕應如何處罰，就有不同看法，因此讀者需要先找出文章中哪些句子說明文帝的觀點，哪些句子呈現了張釋之的觀點，然後比較兩人觀點的差異，再根據文章提供的線索，判斷作者司馬遷贊同誰的觀點，還可以思考自己是否同意司馬遷的觀點，理由又是什麼。從此例子中可見，找不同觀點的推論歷程讓讀者能建立更精緻的心理表徵，而形成更深入的文意理解。

　　「連結背景知識」是指，讀者啟動本身的先備知識和文本做連結，以填補文本中的空缺，使建構的心理表徵能更連貫，例如：在梁實秋〈鳥〉一文的最後一段提到，「自從離開四川以後，不再容易看見那樣多類型的鳥的跳盪，也不再容易聽到那樣悅耳的鳥鳴……」，讀者可能會疑惑：「為什麼離開四川後不容易看到各種鳥的跳盪和聽到鳥鳴？四川是什麼樣的地方？離開四川後去了哪裡？」此時，讀者若能從記憶中提取對鳥類生活環境的了解，就能夠推論當時的四川應該是比較沒有人為開發、生態環境較豐富的地方，因此容易看到各種類型的鳥，另也可以推論作者離開四川後應該是回到了大城市，才會不再容易看到多種類型的鳥。透過以先備知識來填補作者未詳細說明的文本空缺，讀者便能建立更精緻的情境模式表徵，也就能更懂得文本的意義。

三、自我提問

　　教師提問一直是用來促進文本理解的重要教學策略，其所提問的問題類型（如字面理解或推論理解）會影響學生對文本的理解與回憶（Duke & Pearson, 2002）。當學生經常被問到字面理解的問題，他們在面對新文本時就比較容易聚焦在文本中的事實與細節；若學生常被問到需要推論的問題，他們在閱讀中就會傾向聚焦在對文意的詮釋與批判。

　　學生能否學會像老師那樣自我提問理解問題，來幫助自己理解文本？答案是肯定的。當學生學會主動對所讀文本自行產生問題，也就能有效促進理解（Rosenshine, Meister, & Chapman, 1996）。為什麼自我提問能提升閱讀理解？那是由於為了提問，閱讀有了具體目標，注意力會聚焦在文章重點，讓學生在閱讀時能主動思考，且讓學生回顧文章內容並將所讀到的與已知的知識連結（Joseph, Alber-Morgan, Cullen, & Rouse, 2016）。以下介紹兩種適用於國中國語文理解的自我提問法。

（一）有層次的提問

　　有層次的提問策略是指，教導學生針對文本自行提出事實型、推論型和評論型等不同層次的問題，並嘗試回答這些問題，藉由此自問自答的歷程，建構更連貫而有意義的心理表徵（陳海泓、林秀娟、盧明君，2017）。這些問題層次可以對應到閱讀認知歷程的各部分。「事實型」問題是指，問題的答案是有在文章中明確提到的內容，讀者只要在文章中找到相關的文字就能回答問題。此類問題可以幫助讀者聚焦在文本中的重要訊息，以作為推論的基礎。要回答此類問題，讀者需要進行字面理解或字義理解，形成文本表徵的微觀結構，也就是 PISA 閱讀素養評量架構中「擷取與檢索」層次（臺灣 PISA 國家研究中心，2011）。「推論型」問題是指，答案在文章中沒有明確說明，但有提供線索，讀者需要連結上下文或連結文本線索與先備知識來做推論，才能找到答案。此類問題幫助讀者探索文本訊息間的因果關係、事件背後的原因或比較異同，回答此類問題需要讀者進行推論理解，形成文本表徵的巨觀結構與情境模式，也就是 PISA 閱讀素養評量架構中的「統整與解釋」（臺灣 PISA 國家研究中心，2011）。「評論型」問題則是指，讀者需要根據自己閱讀的心得、想法或評論來回答問題。此類問題讓讀者對文本產生質疑、論述或評價，回答此類問題需要讀者進行評鑑理解與批判理解（Swaby, 1989），形成精緻的情境模式（Kintsch, 1988），也就是 PISA 閱讀素養評量架構中的「省思與評鑑」（臺灣 PISA 國家研究中心，2011）。

（二）詰問作者

　　詰問作者策略是指，教導學生在閱讀中對作者的意圖、寫作方式與風格提出質疑與批判，藉此促進對文本意義的深層理解（Beck, McKeown, Hamilton, & Kucan, 1997）。學生學習提出一系列的引導問題（如表3-2所示），引導自己針對作者所寫內容、其代表意義、內容的清晰度與合理性，進行深入的思考。透過詰問作者的歷程，學生將注意力聚焦在「作者」的層次，思考作者想傳達什麼訊息，他如何傳達這些訊息，以及他的訊息傳達是否清楚完整。在傳統的語文教學裡，對文本中所傳達的情感、美感、文學畫面、寫作手法，以及作者意圖做賞析等，都是由教師負責，學生只要被動的接收與記憶教師提供的賞析即可。然而，教師的賞析未必能與學生的先備經驗相符，因此學生未必能對文本建構出連貫的心理表徵。相反地，詰問作者策略讓學生必須要主動的投入思考歷程，負擔起詮釋文本意義的責任，他們須理解與比較文章中的概念，並思考文本中的訊息與文本意義的關係，這使得學生能有效監控自己的理解情形，對文本意義形成更深層的理解。

表 3-2　詰問作者討論的引導問題

問題的目的	可能的問題
引發討論	・作者在這裡想說什麼？ ・作者傳達的訊息是什麼？ ・作者討論的是什麼？
幫助學生聚焦在作者想傳達的訊息	・作者的說法是這樣，但這是什麼意思？
幫助學生連結訊息	・這與作者之前告訴我們的有什麼關聯？ ・作者在這裡新增的哪些訊息可以與……（先前訊息）連結或一致？
指出作者所呈現訊息或想法的缺失	・這樣說合理嗎？ ・這樣說夠清楚嗎？ ・作者的解釋清楚嗎？為什麼？作者少說了什麼？有什麼是我們需要弄清楚的？
鼓勵學生回到文本，因為他們誤解文本或幫助他們覺察自己做了推論	・作者有這樣說嗎？ ・作者有給我們這個問題的答案嗎？

資料來源：Duke 與 Pearson（2002, p. 230）

四、理解監控

理解監控是指，讀者在閱讀的過程中對於自己理解狀況的自我評估與策略運用；也就是讀者會在閱讀時隨時確認自己是否讀懂，如果讀得懂，就繼續讀下去，如果發現不懂，就必須確認困難是在哪裡（字詞、句子，還是段落），一旦確定困難所在，就要選擇適當的策略來克服理解困難。在執行了所選的策略後，讀者還要評估其效果，若能幫助其解決理解困難，就可以繼續往下讀，否則就要重新選擇其他策略或評估困難所在（曾玉村，2017；蘇宜芬，2017）。理解監控歷程顯示於圖 3-2 所示。

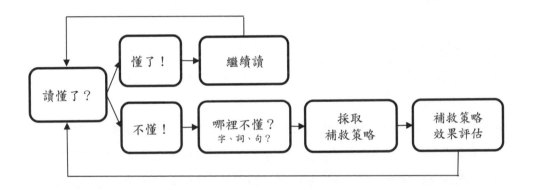

圖 3-2 理解監控歷程
資料來源：蘇宜芬（2017，頁 151）

理解監控策略的運用需要統整其他理解策略。讀者經自我評估，確認了造成理解困難的原因後，就需要針對不同的困難，使用不同的策略解決。如果是語詞不懂，讀者可能使用「析詞釋義」，將組成語詞的個別字義組合起來，推測詞義；也可使用「由文推詞意」，也就是由上下文脈絡推測語詞的可能涵義。若是句子或段落不懂，讀者可能只需重讀就能理解，也可能需要使用推論、摘要、自我提問等策略，來解決理解困難。

理解監控之所以有效，是因為它是一種後設認知策略，也就是它的執行需要

啟動後設認知，讓讀者能覺察自己的閱讀狀態，透過自我評估與策略運用，能發現並排除理解的障礙，以確保理解目標可以順利達成。因此，讀者若能在閱讀歷程中運用理解監控，就能促進閱讀理解（蘇宜芬，2017；Gagné,1985）。

理解監控的發展資料顯示，六年級學童在閱讀內容有明顯不一致之處的文本後，約有一半無法自行指出文章中的明顯不一致之處（Mayer, 2008），這顯示還有一定比例的國中生在閱讀時，可能仍無法監控自己的理解，而這將導致他們看不懂文本卻不自知。證據顯示，理解監控教學能提升學生的閱讀理解，對低閱讀能力學生的幫助尤其特別明顯（蘇宜芬，2017）。

五、做筆記

做筆記策略是指，讀者在閱讀時對文章內容進行重點概念的記錄。在做閱讀筆記時，讀者可能直接在文章中畫記重點，例如：畫線、圈出關鍵詞句、標記數字表示順序或類別、註釋等，也可以透過文字、符號、圖像、表格等各種呈現方式，將文章中關鍵概念的相同與相異處呈現出來（辜玉旻、張菀真，2017）。

做筆記的步驟包含選擇重點、長句縮短、掌握文章結構，以及使用符號與圖表形式做筆記四部分（辜玉旻、張菀真，2017）。也就是說，讀者要找出並畫記文章中的重要概念，然後將長句縮短、濃縮訊息，再透過分析文章結構來掌握文章中重要概念間的關係，最後使用符號與圖表形式，使筆記訊息的呈現更精簡，且能表示出訊息間的關係。由此來看，做筆記整合了其他理解策略，讀者需要同時使用刪除／歸納、找文章結構、推論、自我提問與理解監控等策略。

證據顯示，讀者在閱讀時做筆記，即使只是畫重點，都對促進閱讀理解有幫助。但做筆記的方式仍有優劣之分，好的筆記應包含較多概念或重點，且需要讀者對文章內容進行重新組織並與先備知識連結，使筆記內容呈現的訊息是精簡且有組織的（辜玉旻、張菀真，2017）。

■**肆**、在語文課中進行閱讀理解策略教學

由前述的說明可知，閱讀理解策略是可教導的，且學會後能有效促進學生的閱讀理解。當學生掌握閱讀理解策略此一自學能力，他們便能有效的理解、詮釋與批判各種具挑戰性的文本，成為具備閱讀素養的現代公民。與外加式的課程相較，在國語文教室中導入閱讀理解策略教學，對教師與學生而言應是負擔較小的選擇。但要怎麼將理解策略導入國中國語文教學中呢？以下針對如何決定要教導的策略與策略的教學模式加以說明。

一、透過文本分析選擇要教導的策略

國文課本中的每篇文本都有其獨特的內容、寫作特色、作者觀點與意圖，在閱讀歷程中可能使用到的理解策略都會不同。在備課階段，教師需要先進行文本分析，了解文章的重點與評估適用的理解策略，然後據以設定策略教學的目標，並規劃教學活動。因此，文本分析可說是閱讀策略教學最重要的第一步。

「文本分析」是指，讀者透過反覆閱讀文本，歸納統整其中的重要訊息，進而解讀出文本要傳達的意旨與其背後隱藏的深層意義。教師在教學前進行文本分析有幾個目的：首先，文本分析讓教師從讀者的角度，透過反覆地仔細閱讀與思考，找出作者在文中要傳達的重點，以了解文本的深度；其次，文本分析讓教師從學習者的角度，思考學生在閱讀該文本時可能遭遇的困難；最後，文本分析讓教師從教學者的角度，針對可能的學習難點開出教學處方，訂定教學目標，選定可教導的閱讀理解策略，以幫助學生思考文本核心。至於要如何進行文本分析？在後面有專章說明，此處不再詳述。

二、理解策略的教學模式

針對要教導的閱讀理解策略，即可採用「明示的教導策略模式」（如圖 3-3 所示）來進行教學。此模式是先由教師說明要教的策略是什麼、為什麼要學此策略，並以放聲思考示範如何執行該策略，讓學生看到一個專家在執行此策略時的內在思考；接著由教師為學生搭設鷹架，從師生共做到小組共做，引導學生練習此策略的執行，在過程中教師藉由師生對話，提供鼓勵、引導與回饋；然後教師視學生對策略執行程序的熟悉情形，逐漸撤除鷹架，直到學生可以完全負起策略運用的責任，獨立完成為止（陸怡琮等人，2017）。

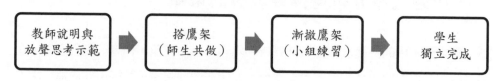

圖 3-3 明示的教導策略模式

以此模式培養學生運用策略的能力經常不是一、兩節課就可達成的。要學會純熟的使用一個策略來促進理解，許多學生（尤其是中後段學生）可能需要看到多次的教師放聲思考示範，也需要在教師與同儕的協助下，用各式的文本反覆練習策略運用。因此，教師在規劃教學進程時切莫過於心急，一個策略的教學可以跨數課，根據學生的學習進展逐步從教師示範到師生共做、小組練習，直到學生能獨立完成。

要特別提醒的是，理解策略教學的終極目標是為了促進理解，因此教學中千萬不可因為過度聚焦在練習策略，而忽略了文本的理解。舉例而言，教導有層次的提問時，教師應強調提問是為了促進理解，引導學生詢問能促進文本前後文連結與文本意義詮釋的問題，而不只是為了問問題而提問。

伍、結論

　　閱讀理解策略是能夠幫助讀者主動建構文本意義，對文本產生深度理解的有效方法。閱讀理解策略是可教導的，透過教師有系統規劃的閱讀理解策略教學能讓國中生學會這些讀懂文章的方法，對所讀的文本進行理解、詮釋、比較與批判，並因為掌握此一自主學習的重要工具，而成為能有效學習、深度思考的學習者。

參考文獻

中文部分

陳海泓、林秀娟、盧明君（2017）。自我提問。載於柯華葳（主編），**閱讀理解策略教學**（頁 111-140）。臺中市：教育部國民及學前教育署。

陸怡琮（2011）。摘要策略教學對提升國小五年級學童摘要能力與閱讀理解的成效。**教育科學研究期刊，56**（3），91-117。

陸怡琮、方志豪、林怡君、李燕芳（2017）。摘取大意。載於柯華葳（主編），**閱讀理解策略教學**（頁 39-68）。臺中市：教育部國民及學前教育署。

曾玉村（2017）。總論：閱讀理解的認知歷程與策略教學。載於柯華葳（主編），**閱讀理解策略教學**（頁 1-22）。臺中市：教育部國民及學前教育署。

辜玉旻、張菀真（2017）。做筆記策略教學。載於柯華葳（主編），**閱讀理解策略教學**（頁 157-176）。臺中市：教育部國民及學前教育署。

臺灣 PISA 國家研究中心（主編）（2011）。**臺灣 PISA 2009 結果報告**。臺北市：心理。

謝進昌（2015）。有效的中文閱讀理解策略：國內實證研究之最佳證據整合。**教育科學研究期刊，60**（2），33-77。

蘇宜芬（2017）。理解監控。載於柯華葳（主編），**閱讀理解策略教學**（頁 141-156）。臺中市：教育部國民及學前教育署。

英文部分

Afflerbach, P., Pearson, P. D., & Paris, S. G. (2008). Clarifying differences between reading skills and reading strategies. The Reading Teacher, 61, 364-373. doi: 10.1598/RT.61.5.1

Beck, I. L., McKeown, M. G., Hamilton, R. L., & Kugan, L. (1997). Questioning the author: An approach for enhancing student engagement with text. Newark, DE: International Reading Association.

Brown, A. L., Campione, J. C., & Day, J. (1981). Learning to learn: On training students to learn from text. Educational Researcher, 10, 14-21.

Chall, J. (1983). Stages of reading development. New York, NY: McGraw-Hill.

Duke, N. K., & Pearson, P. D. (2002). Effective practice for developing reading comprehension. In S. J. Samuels & A. E. Farstrup (Eds.), What research has to say about reading instruction (4th ed.). Newark, DE: International Reading Association.

Duke, N. K., Pearson, P. D., Strachan, S. L., & Billman, A. K. (2011). Essential elements of fostering and teaching reading comprehension. In S. J. Samuels & A. E. Farstrup (Eds.), What research has to say about reading instruction (4th ed.) (pp. 51-93). Newark, DE: International Reading Association.

Gagné, E.D. (1985). The cognitive psychology of school learning. Boston, MA: Little, Brown and Company.

Joseph, L. M., Alber-Morgan, S., Cullen, J., & Rouse, C. (2016). The effects of self-questioning on reading comprehension: A literature review. Reading & Writing Quarterly, 32(2), 152-173.

Kintsch, W. (1988). The role of knowledge in discourse comprehension: A construction-integration model. Psychological Review, 95(2), 163-182.

Kintsch, W., & Raw, K. A. (2008). Comprehension. In M. J. Snowling & C. Hulme (Eds.), The science of reading: A handbook. New York, NY: Wiley-Blackwell.

Mayer, R. E. (2008). Learning and instruction. Upper Saddle River, NJ: Pearson.

National Reading Panel. [NRP] (2000). Teaching children to read: Report of the National Reading Panel. Rockville, MD: NICHD Clearinghouse.

Pressley, M. (2006). Reading instruction that works: The case for balanced teaching (3rd ed.). New York, NY: The Guilford Press.

Pressley, M., & Afflerbach, P. (1995). Verbal protocols of reading: The nature of constructively responsive reading. Hillsdale, NJ: Lawrence Erlbaum Associates.

Rosenshine, B., Meister, C., & Chapman, S. (1996). Teaching students to generate questions: A review of the intervention studies. Review of Educational Research, 66(2), 181-221.

Swaby, B. E. R. (1989). Diagnosis and correction of reading difficulties. Boston, MA: Allyn & Bacon.

Wharton-McDonald, R., & Swiger, S. (2009). Developing higher order comprehension in the middle grades. In S. E. Israel & G. G. Duffy (Eds.), Handbook of research on reading comprehension. New York, NY: Routledge.

第四章

文本分析與素養導向教學

陳昭吟 [1]

壹、前言

　　「十二年國民基本教育課程綱要」（以下簡稱十二年國教課綱）自 108 學年度起，由國民小學、國民中學及高級中學一年級起逐年實施。為達到適性揚才的理想，也為了將學習自主權還給學生，以及更完整的呈現學習歷程，故新課綱在課程目標的設定上，跳脫過去「九年一貫課程綱要」中僅以「基本能力」或「學科知識」為指標的能力導向，而轉以素養作為貫穿課程的主軸及發展基礎，希望能培養學生具備面對未來的知識、能力與態度。

　　素養（literacy），原本在傳統的定義中是指「讀和寫的能力」；但在資訊發展迅速的現代，「素養」已超越基本範疇。根據聯合國教科文組織（United Nations Educational, Scientific and Cultural Organization）的說法，「素養」一詞比過去更著重個人對知識的認知、發展學習能力和潛質，生活應用上的態度，甚至與終身學習的概念息息相關。對教育理念而言，這樣的詮釋方式具有更全面的價值和功能。以素養為導向的教學，係指由「學科素養」與「核心素養」兩種素養類型所構成的一種課程與教學導向。「核心素養」就是一個人所應具備的知識、能力與態度，是為跨領域的通用素養，例如：十二年國教課綱所發展出來的三面九

1. 國立臺南大學國語文學系副教授。

項核心素養（教育部，2014，頁3），包括：「自主行動」、「溝通互動」、「社會參與」三大面向，以及「身心素質與自我精進」、「系統思考與解決問題」、「規劃執行與創新應變」、「符號運用與溝通表達」、「科技資訊與媒體素養」、「藝術涵養與美感素養」、「道德實踐與公民意識」、「人際關係與團隊合作」、「多元文化與國際理解」九大項目，其涵蓋面都較諸以往更廣、更多元。

　　核心素養之外，還有各學科領域所發展出來的專屬素養，例如：國語文領綱草案中的語文素養、數學領綱草案中的數學素養、自然科學領綱草案中的科學素養等。其中，國語文領域所強調的素養導向以提升語文學習層次，即是指整合「知學用」等各部分，來培養學生批判思考，以及運用語文表達想法的能力，並非僅拘泥於文章表面的字詞解釋，也非停留在鑽研句法修辭，而是更著重於探討深層脈絡，帶動學生詮釋、批判文本的能力。且除了基本語言文字的認知，還要引導學生從品味文學美感角度著手，進而能在跨領域教學時，將語文素養融會多重學習領域，培養學生跨文化溝通力、跨教材閱讀力、跨學科統整力、跨媒材識讀力等的多元價值學習。最終希望學生都能具備自主學習、終身學習的語文素養。

　　換言之，新的課程綱要不再只以傳遞學科知識作為學習的唯一內容，更注重語文素養在應用層面上的發揮，一旦學習能與生活連結，在真實生活中得以進行表達、溝通及互動，並能了解與同理他人，也能解決日常問題、生命問題，於是學習便有了意義和參與感，自然會引起學習動機，達到學習成就。

　　無論是哪個領域的教學，教材文本的分析都是必須的，在面對素養導向的教育新趨勢時，文本分析這樣基本的教學前導工作，會與過去有什麼不同呢？要如何進行文本分析，才能將語文教學引入素養導向教學的理念與目標之中呢？文本分析與素養導向教學的關係為何呢？以下稍加整理分析之。

貳、文本分析是素養導向教學的重要關鍵

　　教學現場上的教育工作者都知道，教學要能得心應手，要能掌握教學的內容和上課的節奏，要成就一堂接近完美的教學，最重要的便是備課的功夫了。備課

是指教師在課前針對教學諸元素進行準備，一般認知的備課工作包含了備教材、備學生、備目標、備過程、備教法等面向的預先規劃。其中，「備教材」即是對於教學材料的預先了解，是直接從教學內容切入的角度。過往的教學慣常以教科書課文為教材，然而在現今教學彈性多元化的取向之下，「教材」這個概念，也隨之有了更進一步的思考。

由於在傳統課程模式中，對於「教材」一詞的指涉，傾向較為狹隘的範疇，在這樣的概念底下，知識是客觀的存在，是可以被傳授、被灌輸的，但也具有一定的權威性和優位性。可是在後現代的教育思潮中，「教材」的權威性和優位性已被打破，它需要更多可以被詮釋和被應用，甚至多形式展現的可能，因此教材一詞的運用，已被概念相近的「文本」（text）所取代。范信賢認為，在後現代論述之下，「文本不僅只是某種形式的『產品』（product），它也指涉了詮釋的『過程』（process），並對其中所蘊含的社會權力關係進行一種揭露的『思維』（thinking）」（范信賢，2001，頁 175）。

文本在一般的意義是指書籍形式的產品，不過在當代符號學和詮釋學的研究中，文本已超出了印刷出版品和語言現象的範圍，而成為「載運資訊傳播的載體」，甚至包含了整個詮釋的「過程」，所以範疇上更為廣泛。而且因為涉及多樣「詮釋」的可能，文本不再只被當作擁有唯一解讀方式的「範文」，師生都同樣具有對文本進行多元解讀的權利，以致於所謂的權威性和優位性也會被重新檢視，這和現今在素養導向的教學上強調多元性和學習主體性的觀點便完全相符合。故以文本的概念重新檢視課程中的教材，並將「文本」代入「教材」的用法，使文本和教材互為轉化，讓「教材」成為具有可對話、可分析的「文本」，提供教學和課程更豐富的樣貌。因此，這種「文本」概念的變化，實際上也就決定了課程與教學的多樣性。

除了以「文本」取代「教材」的概念來符合核心素養的精神外，要能讓教學真正落實核心素養的理念，唯有全面而透澈的深入文本，進而分析文本，才更是關鍵。一來，文本之於教師，就如同劇本之於演員，唯有對劇本熟悉，演員才能揮灑自如；同理，教師若對教學文本充分了解，也才能在課堂上應用自如。分析

了文本，熟悉了文本，對於如何透過文本帶領學生走向核心素養，如何應用文本活化教學，自然一切了然於心。所以文本的掌握是不變的教學基礎。

再者，當課文被視為一個教學的文本時，教師便成了文本的詮釋者和再創造者，透過對文本的分析，引導學生與文本之間進行深刻的對話，和學生共同建構出文本的意義，這即是與傳統教材備課的差異之處。一旦教師定位改變，將會使得文本分析的型態、模式和方向都與過往大不相同。

素養導向下的文本分析模式和方向，容後文再述；但就教師進行文本分析的態度和型態而言，確實因為認知到文本和教學者的權威解構，而產生迥異於以往的變化，最大的影響便是轉換教師個人獨立作業的特定型態，在教學現場吹起的共備風潮，打破校別和科別，以跨領域、跨學校的形式，藉由群體的能力一起打造新的文本分析環境，在熱絡的專業知識交流過程中，也可促使教學更臻素養導向的目標。而共備所表現出來的精神和特質，正是核心素養所強調的「自主」、「溝通」、「專業」與「跨域」。

此外，文本分析仍屬於備課的一環，備課既是課堂教學的設計，要求的就是明確的預見性。方向精準、目標明確且踏實到位的文本分析，愈有利於建立文本的價值定位，切合語文領域的教學本質，預先擇取適切的教學方法，釐清新舊知識的脈絡聯繫，以及由文本延伸出來的知識、能力和態度等整體教學內容，甚至最後評量的規劃等，這些素養導向下的教學內涵，都可在文本分析階段已經預見完成。

由上文所述，從「文本」的概念意識，到進行「文本分析」的共備型態，一直到「文本分析」方向對於實際教學的需求，包括：課程規劃、教學設計，以致於評量的進行，均可知「文本分析」的重要性，可謂是完整教學的基礎起點、素養導向教學的重要關鍵。

參、文本分析首重價值定位的確立

所謂價值，是事物最本質的意義，它的獨有性是其他事物所無法取代的。每

個事物皆有其價值定位，唯有把握其固有的價值理念和取向，才能將其特質和功能完全發揮出來。國語文領域所專屬的價值定位是什麼呢？在十二年國教課綱國語文領綱的基本理念中提到（教育部，2018，頁1）：

> 語文教育旨在培養學生語言溝通與理性思辨的知能，奠定適性發展與終身學習的基礎，幫助學生了解並探究不同的文化與價值觀，……為涵育國語文的核心素養，國語文教育從語文能力的培育、文學與文化素質的涵養著手，培養學生表情達意、解決問題與反省思辨的能力。

從上述國語文領綱的這段說明，可知國語文所獨有的價值定位有三個層次，分別是：語文的、文學的和文化的。國語文教學原本即有符號認知（形、音、義、辭彙、語用、語法）、語文功能性（聽、說、讀、寫、表達、溝通），以及利用語文能力深入情意思想，並融入社會情境和文化脈絡等特性。通常符號和語文功能方面，被視為語文的工具性；而後者則屬於「文學的」和「文化的」層面，歸於語文的人文性。之前曾有針對語文教學的工具性和人文性所產生的爭議討論，但新課程趨勢從「知識、能力和態度」、「歷程和方法」及「實踐活用」三個方面來設定教學方向，其實也就是強調語文的工具性和人文性應在教學的統整中共同呈現。

語文的工具性體現，即是語文知識和能力的培養，包含聆聽、口語表達、標音符號與運用、識字與寫字、閱讀與寫作等六大學習重點，歸納起來就是四個字：聽、說、讀、寫。這些能力的培養是國語文之所以被視為工具性學科的理由，因為不論是人文社會或是自然學科，無不藉由語文的上述能力來表達，這使得語文教學成了一切學科的基礎，而這種培養學生聽、說、讀、寫的基本能力，是語文學科所特有，以此得以區別其他學科的不同任務。換言之，這些其他學科所無法跨足的語文知識和能力教學，就是語文領域的價值定位之一。

語文的工具性培養學生運用語言文字的能力，不過此工具性卻是為了表情達意的人文性而存在。國語文領域的人文性，主要為語文性所延伸出來的文學性及

文化性。雖然就語文性而言，國語文本身可以視為一門工具性學科，但是語文教材卻是綜合性的文本。各學科原本就有屬於該領域的專業知識，例如：數學學科主要在學習數量關係和空間的邏輯性；社會學科主要在反映人類歷史發展的規律性和地理現象的特徵等。相對於其他學科範疇的單一純粹，語文學科的內涵就顯得豐富複雜得多了。在語文的文本裡，除了語言文字的基本讀寫能力，也有詩、散文、小說等各種文類；寫作手法從記敘、抒情到說明、議論等，呈現了各種文學表現技巧；可提供的內容更是包羅萬象，舉凡情意、哲思、美感，外在生活環境或內在心靈性情，皆是文學的題材，甚至還可觸及到歷史、地理、數學、科學、藝術等其他領域，形成跨域識讀的多元文本。所以，語文根本是一門綜合各學科的統整文本。但是，國語文作為中等教育的一門重要課程，它本身最重要的意義，還是在於包含了豐富的人文教育資源：文學與文化兩層面。

諾貝爾文學獎得主莫言曾為「文學」定義，稱「文學是以語言為工具的、以感情來打動人的、對社會生活的形象反映」。語文教學透過文本的閱讀理解過程，來感知、理解與欣賞文學作品，文學中創作技巧的浸潤學習，直指人心的感性渲染，對於人生人性的反思，以及社會意義及其價值的關注，都是由語文文本而來的文學內涵。在教與學的互動間，建立了對文學特質的感知，能被文學中的意象所感動、所激勵；被文學中的人性之美和所反映的思想內涵所呼喚和啟迪；能真誠地與自己的心靈對話，這即是語文領域的價值定位之二。

語文是社會溝通與互動的媒介，也是文化的載體，語文文本的內蘊往往潛存著個人社會歷史的多維性文化，而作為教學主體的教師，更是文化的體現者與傳遞者。文化是複合式的表現，包含個體意識、時代意識與美學共性的總和，是個體情感和時代精神的相互滲透，融合了時空概念的歷史態度與宇宙社會觀，且有利於個人重新確立自我生命的座標。因此，國語文領域的價值定位還特別強調文化層面的呈現，藉由語文教學的過程，透過像連結背景知識這樣的學習策略，便可將歷時的、在地的、傳統的、多元的文化面向，漸次深化和內化學習者的涵養之中，既增加文本學習的深度與廣度，還能從文化議題體現人文關懷。這便構成了語文領域的價值定位之三。

　　「人」是語文教學的出發點和最終目標，若語文教學沒有文學的情意和想像空間，自然無法引發學習的興趣和深刻的感情；若沒有文化的連結，也就無法在語文教育中延伸思考、深化理念。但過去的語文教學，常常會將過多的焦點放在闡發課文教材的情意面，以致於部分課堂的語文教學，其重心偏向了生活課、社會課或綜合課等領域範疇，將語文學習窄化為情感教化的課外延伸，不但背離了語文課之「語言」和「文字」的本真，未能把握語文能力和文學技巧的學習，更無法真正落實語文教育從語文能力培育、文學素質涵養，一直到文化思想薰陶的學習脈絡。如此模糊了語文教學獨有的屬性價值，甚是可惜。

　　素養導向教學的首要之務，便是回到語文領域專屬的價值本位上，能夠掌握語文學科的學習意義，既要期許學生人文精神的養成，也要關注其語文能力的形成。文字語言的工具性是語文教學的基礎，而文學文化的人文性是語文教學的核心，兩者同構鎔鑄、相輔相成，不可偏廢也無可割裂。

　　因此，在進行文本分析時，自然要先揭櫫文本的價值定位，釐清其語文教學上的獨特性，思考此文本的學習對學生在語文上的重要性，而這獨特的重要性是從其他學科無法習得，也無法取代的。一旦先確立了國語文領域的價值定位，在進行文本分析時，教師才能發揮語文學科本身的本質、功能，將識字教學和詞彙策略導入閱讀理解，進而擴充到高層次的自我提問與理解監控，讓學生學會由「學語文」（learn language）到「從語文中學」（learn through language）等順序階段。這樣的學習歷程可幫助學生增進語文知識和能力，吸收文本承載的文學及文化意涵，以及發展自己的學習策略與詮釋體系；同時，還可以知道如何促成跨文本的理解，形成學習遷移的契機。

　　由上述可知，文本分析首重在確認語文領域的價值定位，如此一來，語文學習才能凸顯人本教育中體驗人生、陶養性情、建構人格的終極意義，甚而直指核心素養所強調的自主而終身學習的態度。

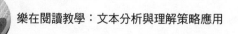

肆、素養導向下的文本分析

相較於過去教育所注重的知識，以及運用知識的能力，現今以核心素養為軸心的教育趨勢，有幾項更強調、更為凸顯的特質，也因此在文本分析的方向與模式方面，也有其差異。以下針對素養導向下的文本分析所應注意的原則予以說明。

一、整合知識、能力與態度

過去的「九年一貫課程綱要」以能力為指標，而核心素養理論的概念不僅重視知識、能力，更強調態度的重要性。知識和能力的教學容易進行，但態度的教學和習得並不易，評量更難。在以整合知識、能力與態度的前提下所進行的文本分析，勢必有異於過往的教學樣貌。

文本分析針對教學主要有四個流程步驟，從概覽全文開始，了解文本特色與重點，再進行課程規劃與教學，最後進行評量；而文本特色與重點分析通常包含了文體、主旨、大意、詞語、修辭和內容深究、形式深究等部分。傳統教學總是緊扣文本，深挖出文本中的微言大義，希望透過教學，讓學生了解作者的觀點，但卻往往只是將作者觀點融注到學生的思想中，頂多形成學生、文本和作者三者間思維的一致性。這樣的文本分析雖看似完整，但並不能培養學生獨立思考的能力，也無法讓學生綜合統整，運用相關知識來進行分析、判斷事理的能力。

因此，要完成知識、能力與態度合一的素養導向教學，文本分析的內容還是要包含上述語文教學的各元素；不過，主軸應在於如何帶領學生面對文本中「為什麼」（Why）和「如何」（How）這兩大有利於思維發展的問題，而不應該謹守於文本表象的「是什麼」（What）。在進行文本分析時，不要只是切割解剖文本，還要能夠組合文本成一整體主題：內容分析→賞析特色→設計問題→歸併章節段落→掌握架構→提取議題→形成主題→據以形成分析圖表→設計問題，每

個分析步驟都應是有機的環環相扣，一步一步水到渠成的完成文本價值定位的呈現。

在教學過程當中，問題設計是統整知識、強化學生能力和態度的重要策略，它可置於任何環節，以歸納或開展文本內容。不管何時實施提問策略，教師總要能以宏觀的視野去綜合詮釋，以廣泛的理解去引導認知，並讓學生在學習歷程中實際參與詮釋理解，學生才能同步掌握文本背後更深層的價值觀或認知系統等上位概念，建構起文本對自身的意義，知識以外的能力與態度才能因之而生。

所以教師在進行文本分析時，自身深入而廣泛的理解是必然，但安排教學和課堂上進行文本分析時，不能只有教師單方面概念的給予，教師的教學也無需完全講好講滿，還須保留更大的彈性空間來容納學生的詮釋和自我體會，甚至將更多的文本空隙留給學生去補足。這樣一來，文本的內容資訊、作者的創作意圖，和自我的關聯性遂可逐漸清晰，一切的文本學習才有機會內化成為自我生命的一部分。這才是新課綱所欲建立起來的，一種指向思考的多元化教與學。

二、重視情境脈絡的連結

十二年國民基本教育的教學方向在於全面性的發展，因此既重視專業領域知識，也引領跨科的整合；既掌握知識的學習，更強調知識在現實中的應用；甚而更期待學習的態度與精神。這種素養導向的課程，絕大部分的學習成效都在於脈絡化、情境化的過程，故局部而斷裂的教學也就不再可行。新課綱所強調的情境脈絡化之連結，正是希望教師能避免割裂式的教學，讓學生的學習要能和現實世界的經驗串聯，形成知識與知識、知識與生活情境、知識與未來能力、知識與行動之間的點線面連結。

這樣的理念放在文本分析時，教師首先應熟悉教學大綱以及全部的教材文本，以便掌握文本縱向的知識體系，確認它在全冊，甚至全部三年的語文教學地位和前後文本的聯繫。接著，也要清楚每單元教材文本的脈絡、單元能力的前後連結等。有了這些考量，教師在課前的文本分析才能正確判斷教學的重點與策

略。而在課堂上的文本分析教學時，則可藉由提供事例、場景、關係、線索、架構或任務，使學生從文本感受的抽象事理走向實際經驗、嫁接部分和整體學習間的關聯、新舊觀念間的銜接。

除了熟悉文本的上下脈絡外，教師在進行文本分析和設計時，還須關注各領域間的橫向聯繫，開展跨領域統整的教學。學習原本就不該是切割和斷裂的，現實世界所需的能力和素養是各領域知識的串聯統合，所以十二年國教課綱特別強調跨域教學的理念，而所謂的跨域，重點並不在比較領域間或相對難度，而是更著重在跨領域、跨科目的特質如何被融會運用，以及不同領域之間如何溝通。簡言之，跨領域教學的設計不是目的，而是過程。希望在教學的過程中，經由跨單元／領域／科目的學習情境脈絡的連結，讓學生擁有高度的學習視野與充足的學習裝備。

在文本分析時，這種跨領域的設計需求，除了要對原領域文本的熟悉外，教師的跨域認知和能力也必須有所提升，才能有充足的敏感度將知識網絡擴張。再者，不同領域的操作模式和敘事方式是不一樣的，跨領域教學的文本分析包含著統整性設計，即須協助學生練習在各領域的閱讀型態之下的訊息處理，將學生的學習情境和脈絡朝縱向和橫向進行完整連貫。

三、強調學習歷程、方法及策略

過去的教學以教師單方面主導，口述講授為主要的教學方式，但十二年國民基本教育的教學方向則是以學生為主軸，強調的是學生要能在學習歷程中學會如何學習。通常一般人對於學習的概念，以為是在教授的過程中自然發生的，但那樣的學習僅是被動且片面的接受，自主學習的能力無從建立。愈來愈多的研究指出，學生可經由有系統的策略設計，學會有效的學習（Gagné, 1985; Levin, 1986; Weinstein & Mayer, 1986），因此真正要懂得何謂學習、如何學習，還是需要後設認知的策略及方法，像國語文領域中處理文本資訊、建構意義的能力，就要靠教師引導策略和方法，學生才可以逐步內化這些學習策略。教師的角色也才能從

學科知識的提供者變成為教導學生如何學習的引領者。

教師在進行文本分析時，不能只考慮要教學的內容，還必須預先判斷學生學習的難點，而後關於學生可運用的學習策略即應在此時一併考量，並將之置於教學流程之中。在引導學生應用學習策略時，程序包括：學習策略的定義性結構（what）→將策略步驟化、舉例示範並提供練習的技巧（how）→告知該策略適用的情境及使用的時機（when），也就是共分成「為何使用」、「何時使用」及「如何使用」等三部分來導入教學。當學生對策略有所掌握之後，可再進行綜合性的練習，來增加學生對策略方法使用的精熟度。

國語文領域的學習策略以閱讀理解策略為基礎，包括了預測策略、提問策略、摘要策略、筆記策略、結構分析策略、推論策略、心智圖策略、專題研習策略（KWL），以及 SQ3R 策略〔即：瀏覽（Survey）、提問（Question）、閱讀（Read）、背誦（Recite）和複習（Review）〕等。這些策略或擷取或分析或比較或統整，加以思考提問等多元綜合的理解過程，皆以培養學生掌握文章的邏輯結構與重點，訓練學生高層次思辨技巧和敘事能力為目的。但在單一策略的學習與運用之餘，更重要的是讓學生學會理解監控的策略，這是在閱讀過程中學生自主學習的展現，學生能自我評估閱讀理解的狀況，並能主動尋求適合的理解策略來運用，如此才是策略教學真正能發揮作用的時候。

在這樣的教學目標下，每一個文本都指向能力和素養。教師進行文本分析時，除了掌握文本特性、清楚知識面的內容（作者寫什麼／如何寫）外，還要提供適當的鷹架，設計好學習策略，擬定問思步驟，利用學習工具（圖、表、學習單等），甚至「查核／評量機制」來幫助學生理解，在具體而有序的教學中，逐步形塑學生的語文素養，以便其將來能建立自主而永續的學習力。

四、關注統整活用、實踐力行的表現

十二年國民基本教育與傳統的教育觀念最大的突破，便是打破知識教學獨立且置頂的優越地位，轉以強調學生展現學習的實踐力行，期待教學能將知識、能

力與生活緊密結合，使學習產生有意義的關聯與融合，並從中看到學習內化後個人所具備的、足以面對真實世界的核心素養。因為更著重學習的價值觀和態度，以及終身學習的能力，於是光是能累積知識是不夠的，活用才是重點，整合知識能力才是贏家。這個觀念的改變，對於原本學問至上的教育現場而言，無論是教師、學生還是家長，都是很重要的翻轉。其中，身為教學引導者的教師，除了本身要能接受這樣的理念之外，還必須讓學生和家長也能熟悉行動力為主的教學趨勢，更要在課程中融入實踐力行的教學規劃。

在備課時的文本分析，便須先考量統整性學習的實踐方式，而要能讓學生活用實踐所學，必須要先將分立的學科領域的學習貫串起來，使學生獲得完整的理解和統整性的學習。但要如何讓學生在學習之後，可以主動地從周遭人、事、物及環境的互動中觀察現象、尋求解決問題之道，並能進一步思考將所學內容轉化為實踐性的知識，並落實於生活中呢？

首先，教師的文本分析應評估本門課程與其他課程的相互關係，還要擺脫過去「個人本位」的教學模式，以整合的方式開闊學生跨域的視野和應用範圍。同時，也要扣緊文本目標，設計表現任務，以總結性作品或行動性表現來評量學生的學習實踐力。素養導向教學特別期待藉由表現性任務的評量方式，培養學生真實情境、真實問題的實際反應。因應真實世界的多樣化，表現任務的型態也十分多元，例如：評論、報導、模型製作、方案設計、展演策辦或各式創作等，以提供學生思考、互動、探究、表達的應用機會。有別於過去「九年一貫課程綱要」那些只是為活動而活動的課後延伸規劃，新課綱的表現任務更能掌握國語文領域所特有的語文質素，兼容並蓄的創發現場動能，達到實踐力行的學習效能。

這種實踐應用的精神也可反映在課堂上教師帶領學生進行文本分析的閱讀理解過程中，當學生學習特定的閱讀策略所形成的教學步驟或流程時，教師引導或示範後，應留下更多的機會給學生自行完成文本的分析，讓學生自己去建構「自我整合」（integrative）的教育經驗，並在尋找有意義的組織和後續經驗的關係中，發展文本理解能力和獲得學習的滿足。

伍、結語

　　文本分析作為教師在教學上的根本能力，已經從文本概念到共備文本的型態，完全解構了單一性和威權化的舊有教學模式，而以愈加貼近核心素養的精神，建立了文本分析的新思維與新詮釋方式。文本分析模式的這番改變，帶動了國語文教學現場的整體氛圍，也翻轉了教師的語文教學理念與方式。

　　只是當教師以符合素養導向的文本分析來重構教學現場時，國語文領域的價值定位必須先被確立下來，才能在文本分析時，兼及國語文獨有的工具性和人文性兩大特質，並將語言文字的基礎教學和文學文化的深層探討，在課堂上清晰而漸次的發揮出來。素養導向教學下的文本分析，還需在整合知識、能力與態度，重視情境脈絡的連結，強調學習歷程、方法及策略，並關注統整活用、實踐力行的表現等四大原則之下，設計教學、規劃課程，如此而形成的國語文教學，不但能引導學生具備面對生活基本需求的語文讀寫能力、培養文學涵養與社會文化的素質，還能跨域形成多元識讀的潛能，架構起終身學習的態度及語文素養。

　　面對以素養為導向的教育新趨勢，風湧開展的是更寬廣、更豐厚的教育內涵，這些都不是傳統教學模式所能應對。教育現場的教師們必然得從心態到教學方式做整體的調適轉換，以突破未來思維的框架。而透過這樣新型態、新策略所展現的文本分析，正是在「翻轉」的教育理念下，最能掌握核心素養的理念，成就語文教學的重要關鍵。因此，從文本分析出發，將可以看見更完整而深刻的國語文教育。

參考文獻

中文部分

范信賢（2001）。「文本」：後現代思潮下對「教材」概念的省思。**國教學報**，13，171-184。

教育部（2014）。**十二年國民基本教育課程綱要：總綱**。臺北市：作者。取自 https://www.naer.edu.tw/ezfiles/0/1000/attach/87/pta_18543_581357_62438.pdf

教育部（2018）。**十二年國民基本教育課程綱要：國民中小學暨普通型高級中等學校語文領域：國語文**。臺北市：作者。取自 http://www.naer.edu.tw/ezfiles/0/1000/attach/46/pta_18510_4703638_59125.pdf

英文部分

Gagné, E. D. (1985). *The cognitive psychology of school learning*. Boston, MA: Little, Brown and Company.

Levin, J. R. (1986). Four cognitive principles of learning-strategy instruction. *Educational Psychologist, 21*, 3-18.

Weinstein, C. E., & Mayer, R. E. (1986). The teaching of learning strategies. In M. C. Wittrock (Ed.), *Handbook of research on teaching* (3rd ed.). New York, NY: Macmillan.

Part 2

應用篇
文本分析教學範例

第五章

概說：從文本分析到教學評量

王秀梗[1]

　　文本分析的重點主要分為四個步驟，從文本分析開始概覽全文，了解文本特色與重點，再進行教學設計與各節次教學實施，最後進行教學評量，以掌握學生對文本學習的情形，進而規劃有效能的教學。

文本分析 ➡ 教學設計 ➡ 教學實施 ➡ 教學評量

　　為了進行縝密的文本分析，本團隊討論出文本分析可包含的面向，如下表所示。

| 文本分析 | 1. 概覽全文
2. 切分意義段形成段落大意
3. 全文大意
4. 段落分析
　‧重點整理
　‧生難詞句
　‧寫作技巧 |
| | 5. 課文結構
6. 全文深究分析
　‧寫作手法（文本表述）
　‧作者意圖
　‧提出看法或問題
　‧課外經驗比較 |

1　臺南市立復興國民中學國文科教師（退休）。

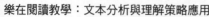

教學設計	1.分析學習困難 2.選擇教學策略 3.決定教學重點 4.擬訂各節次教學重點規劃 5.教學策略設計
教學實施	1.教學活動規劃
教學評量	1.評量目標 2.評量活動

以下針對文本分析與教學設計的要點提出說明。

壹、文本分析

一、概覽全文

閱讀時可先看標題，預測文章可能會寫些什麼，接著進行全文概覽，分出自然段，並試著理解全文大致在說些什麼、與原來的預測是否相同、大概屬於哪一種文類……。

例如：〈張釋之執法〉一文可預測文章內容可能是敘述張釋之執法的經過，就可帶著這個預測瀏覽文章，並且判斷文本是屬於敘述類的文章；又如：〈兒時記趣〉一文可能是敘述童年的一些有趣的事；再如：〈王冕的少年時代〉一文應該是敘述少年王冕的經歷；〈定伯賣鬼〉一文可能就是定伯怎麼與鬼打交道；〈大明湖〉一文應該就是遊歷大明湖；〈愛蓮說〉一文是談論蓮花之愛；〈雅量〉一文可能是關於雅量的論述；〈生於憂患死於安樂〉一文應該就是具憂患意識而生、太安逸則易招致滅亡等。

二、切分意義段形成段落大意

預測標題、概覽全文後，大概也能發現文本是屬於哪一種文類，以及該文類

的結構組織特色，便可藉此文類結構切分出意義段；如果無法在概覽後判斷文章的文類或者結構特色，也可以藉由各個自然段的段落大意來統整。

自然段	1	2	3	4
意義段				
意義段大意				

三、全文大意

將各個意義段（或自然段）的重點做整理歸納，加以潤飾、串聯，就能寫成通順的全文大意，甚或完成全文結構圖表。

四、段落分析

教師可以從段落分析中，了解各段落重點，以及可以和學生討論的主題。段落分析可以從以下方式討論：重點整理、生難詞句、寫作技巧。教師可以依教學時間與學生能力來調整教學設計。

（一）重點整理

各意義段中的重點訊息如何整理？可由段落的脈絡組織來決定整理的模式。一般常見的段落組織有總分、順序、議論、並列、轉折、因果等，便可藉由脈絡組織的特色來決定整理的模式，或者可採表格式、流程圖、階梯圖等。

（二）句子整理

在進行文本分析時，段落中大致有四種句子是值得挑選出來教學的。首先是所謂的主題句，例如：梁實秋〈鳥〉一文的開頭第一句「我愛鳥」就是主題句；又如：洪醒夫〈紙船印象〉一文的第四段提到「這些紙船都是有美麗的感情的」，也是文章的主題句，教學時是需要引導出重點的。其次，轉折關鍵句也是

要挑選出來教學的，例如：洪醒夫〈紙船印象〉一文的第一段開始是先談人生有四種印象，然後才點出標題，「而紙船是其中一種」；又如：歐陽修〈賣油翁〉一文，藉由「我亦無他，惟手熟爾」點出文章的主題關鍵。至於第三種句子則是指長句，因為句子太長，需要精簡摘要句意、化為簡句，才能理解涵義。第四種句子則屬難句，可能是句法困難、句型複雜，例如：文言文中常常省略了主詞、受詞，造成閱讀困難，像 105 年國中教育會考[2]的閱讀題組文章：「王次仲者，以為世之篆文，工多而用寡，難以速就。四海多事，筆札為先，乃變篆籀之體為隸書」這二句，學生就容易混淆主詞；又如：「書冊埋頭無了日，不如拋卻去尋春」這樣的詩句，如果學生能判別出這是比較兩者的選擇句型，便能理解詩句的重點了。

（三）語詞整理

在進行文本分析時，段落中大致有四種語詞是值得挑選出來教學的。首先是生難語詞；其次是抽象義的語詞，例如：「而立」；第三種是屬於一詞多義的語詞，例如：「風流」、「伺候」一詞的古今義便不同；第四種是文言文中常用的虛字，因為年代久遠，學生在閱讀時可能不懂，例如：「之、乎、於、焉」等。

五、課文結構

從文本結構的分析，可以協助教師與學生對文本產生一個統整的圖像，以看出作者對文本的舖陳架構。至於文章有哪些結構，各有各家說法，以目前國小常見文類的故事體與說明體而言，大致有故事結構、序列、描述、列舉、因果、比較對照、問題解決等說法；此外，根據國中常見的課文而言，大致也可列出總分、順序、議論、並列、比較對照、因果等。

例如：司馬遷〈張釋之執法〉一文的內容是敘述張釋之執法的經過，而且事件發展的過程中互為因果，因此文本結構就可用流程圖表示事件序列，再配合因果探討，如下圖所示。

2　國中教育會考網站：https://cap.nace.edu.tw/。

又如：張騰蛟〈那默默的一群〉一文，是描述一群清道婦以忠實態度對待她們工作的狀況，全文就以幾件事的描述來襯托出忠實態度，如下圖所示。

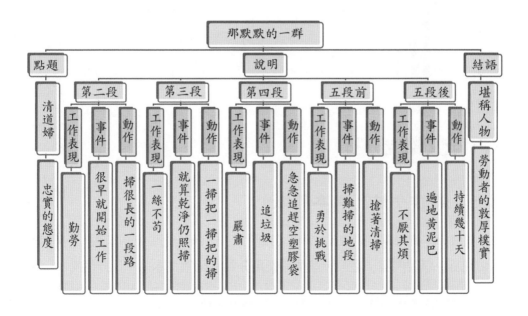

再如：宋晶宜〈雅量〉一文，其寫作脈絡是「先敘後議」，就可以在結構上區分出敘與議，如下圖所示。

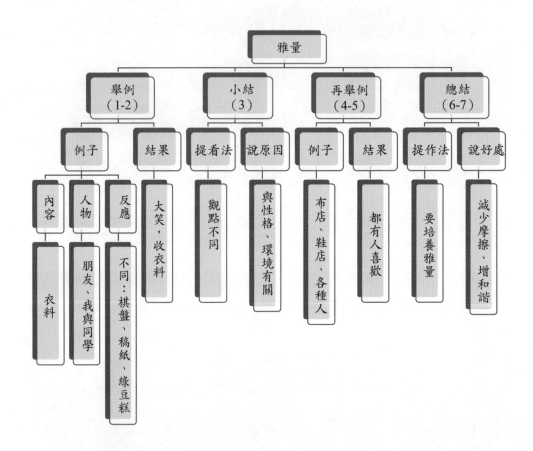

六、全文深究分析

（一）寫作手法（文本表述）

根據 108 新課綱[3] 制定語文領域（國語文）的學習重點中，已經把「文本表述」列為「學習內容」之一，並依其體用分為「記敘文本」、「抒情文本」、

3　十二年國民基本教育課程綱要網站：http://12cur.naer.edu.tw。

「說明文本」、「議論文本」及「應用文本」五項的表述手法，因此分析全文的寫作手法便可依此進行分析。

例如：王溢嘉〈音樂家與職籃巨星〉一文就屬「議論文本」的表述手法，因其結構的脈絡是論據一（音樂家）、論據二（職籃巨星），最後提出論點；又如：朱自清〈背影〉一文，就可歸於「抒情文本—藉事抒情」的表述手法，藉由作者父親買橘子之事抒發親情；再如：曾志朗〈螞蟻雄兵〉一文，就可歸於「說明文本」的表述手法，全文主要在介紹非洲銀蟻，並說明其所以能在逆境生存的特點。

（二）作者意圖

在全文深究時，應針對作者撰寫本文的寫作目的，或某一段落的作者意圖去思考探究，以詰問作者意圖，例如：徐志摩〈我所知道的康橋〉一文，全文大意是在描寫康橋不同景緻之美，但再仔細分析，便可悟出作者是藉由康橋之美抒發春來的喜悅之情。因此，第一段是「走春」，描寫初春早晨漫步康橋得見朝陽的喜悅；第二段是「探春」，由關心康河邊的苔石花鳥每天不同的消息寫到春光爛漫的喜悅；接著第三、四段是「遊春」，描述春假野遊的逍遙與夕陽三景畫圖似的絢麗喜悅；因此理解作者意圖是藉由康橋之美來抒發春來的喜悅。

又如：梁實秋〈鳥〉一文，全文大意在開頭第一段便直接點出是「我愛鳥」，但接著第二段卻沒有從「我愛鳥」的原因或事實加以陳述，而是到了第三段才寫「我開始欣賞鳥，是在四川」；那麼，刪除第二段，從第一段的「我愛鳥」然後接第三段的「我開始欣賞鳥，是在四川……」似乎也很通順——因此不禁令人質疑第二段在寫什麼？第二段是否可以刪除？在研讀第二段後，可發現第二段主要在寫他以前覺得籠中鳥是苦悶的，再對照本文第三、四段可看出作者喜愛的是自由自在飛翔的鳥，最後第五段又以回到北平不忍心看籠中鳥做結語，便可推知第二段可以呼應第五段結尾的「不忍看籠中鳥」，更進而帶出本文主旨：真正的愛是讓牠自由，此時才恍然大悟，原來第二段的寫作目的即是如此，自有其重要性啊！

（三）提出看法或問題

　　文章評鑑賞析是屬於高層次的認知，在進行文本分析時，可由文本的內容或形式提出自我的看法，例如：琦君〈月光餅〉一文除了懷鄉懷人的情思，是否也可看出作者心目中女性形象的形塑；又如：司馬遷〈張釋之執法〉一文，作者司馬遷是否藉由張釋之提出君權（皇權）與法權（人權）之論？

　　此外，「帶著疑問來閱讀」、「於不疑處有疑」也是進行文本分析時，可提出問題的部分，例如：彭端淑〈為學一首示子姪〉一文，主要在描寫作者與子姪輩談論關於為學的道理，所以舉了天資聰穎與昏庸來說明，不論資質如何，都要力學不倦；但第三段又舉了四川貧富二僧為例，這兩個和尚的主要差別是經濟能力與是否力行去取經，似乎與力學不倦沒有完全相關，因此可以針對這個例子的合理性與適切性提出疑問。

　　十二年國民基本教育強調素養導向，希望課堂的學習是可以運用於生活情境，因此在進行文本分析時，也應該思考：針對文本的主題，日常生活中還可以舉出哪些正例？反例？我們生活周遭有哪些正例、反例可以印證文章主題？又或者是學了這一課，學會了什麼？對於生活有用嗎？

（四）課外經驗比較

　　課外經驗的連結、比較，可以讓單課的學習串聯統整，至於哪些是可以進行連結比較的，包含類似的主題、人物、寫作手法、例證、國中小文章等皆可，例如：彭端淑〈為學一首示子姪〉一文中貧、富二僧，與王溢嘉〈音樂家與職籃巨星〉一文的音樂家、職籃巨星人物比較，上述二篇文章的論述主題、寫作手法比較；又如：國小翰林版四至六年級國語課本中，有吳源戊〈踩著月光上山〉一文、褚士瑩〈我眼中的東方之最〉一文、陳素宜〈旅客留言簿〉一文、朱自清〈荷塘月色〉一文，這些文章中都有相同主題「月光」的描寫，如果銜接到國中的蘇軾〈記承天夜遊〉一文、凌拂〈與荒野相遇〉一文中的月光描寫，不就是更

完整的描寫手法學習？再如：不論國小、國中或者高中，都有琦君的課文[4]，因此國小教什麼，國中可以銜接什麼，到了高中就能深度閱讀，此也是進行文本分析時應該考量的。

新課綱的實踐是希望造就擁有終身學習力的素養公民，因此進行文本分析課外經驗比較時，也可以思考這一篇文章與課外生活經驗的連結，例如：司馬遷〈張釋之執法〉一文，既然是出自《史記》的列傳，進行文本分析時也就會思考由張釋之的言語思路看出他是個什麼樣的人，甚且可以讓學生由張釋之說服文帝的說話藝術中，學習平常如何與人溝通的技巧。

貳、教學設計

文本各個項目分析後，接著就要針對分析時察覺的學生學習困難進行鷹架的搭建，例如：洪醒夫〈紙船印象〉一文，文本分析後發現第四段是本文核心，點出了美麗的親情是紙船帶給作者的童年印象；然而，第四段美麗感情是抽象的，如何讓國中生能有所體會？這應該也是學習困難之處，因此而選擇「自我提問策略」中有層次的提問，藉由事實性問題、推論性到評論性提問的層次，讓學生看出：原來作者是採用對比映襯的寫作手法呈現抽象的美麗感情。

〈紙船印象〉一文第四段：有層次的提問設計

事實性問題	1.什麼是「美麗感情」？
推論性問題	2.為什麼它是美麗的感情？請用「雖然……但是……目的是……」句型說清楚。
評論性問題	3.這一段的寫法好在哪裡？

---

4 琦君的文章被選錄，例如：國小有〈故鄉的桂花雨〉，國中有〈月光餅〉，高中有〈髻〉。

閱讀理解策略是一種學習策略，此種策略對於國語文的學習有兩大目的：第一是為了找到文本的重點；第二是為了解決文本閱讀的學習困難。因此，分析完文本的字詞句段篇、也預測了學習困難後，便要針對文本的重點與困難選定教學策略，接著就可以決定本課的教學重點，然後規劃各節次的教學與評量設計，最後就能進行教學。至於國語文各節次教學重點規劃，一般大致建議如下：

1.全文概覽（作者、題解、標題、主題、文類、切分意義段……）。

2.段落理解（生難語詞、文意理解、詞句分析、寫作技巧……）。

3.全文統整（核心概念統整、結構組織、寫作目的、主旨寓意……）。

參、小結

　　文本分析對教學與評量的關係是非常重要的，我們會在以下章節，對「教學實施」與「教學評量」，利用實際文本進行詳細說明，並包含完整的教學設計，供讀者參考應用。

第六章

從文本分析到教學評量：〈空城計〉

柯潔茹[1]

〈空城計〉　　　　　　　　　　　　　羅貫中

① 孔明分撥已定，先引五千兵去西城縣搬運糧草。忽然十餘次飛馬報到，說司馬懿引大軍十五萬，望西城蜂擁而來。時孔明身邊並無大將，止有一班文官，所引五千軍，已分一半先運糧草去了，只剩二千五百軍在城中。眾官聽得這消息，盡皆失色。

② 孔明登城望之，果然塵土沖天，魏兵分兩路望西城縣殺來。孔明傳令：「眾將旌旗，盡皆藏匿。諸軍各守城鋪，如有妄行出入及高聲

繪圖者：林川又

言語者，立斬。大開四門，每一門上用二十軍士扮作百姓，灑掃街道，如魏兵到時，不可擅動，吾自有計。」孔明乃披鶴氅，戴綸巾，引二小童，攜琴一張，於城上敵樓前憑欄而坐，焚香操琴。

③ 卻說司馬懿前軍哨到城下，見了如此模樣，皆不敢進，急報與司馬懿。懿笑而不信，遂止住三軍，自飛馬遠遠望之，果見孔明坐於城樓之上，笑容可

---

1 臺南市立大灣高級中學（國中部）教師。

掬，焚香操琴。左有一童子，手捧寶劍；右有一童子，手執麈尾。城門內外有二十餘百姓，低頭灑掃，旁若無人。

④　懿看畢，大疑，便到中軍，教後軍作前軍，前軍作後軍，望北山路而退。次子司馬昭曰：「莫非諸葛亮無軍，故作此態，父親何故便退兵？」懿曰：「亮平生謹慎，不曾弄險。今大開城門，必有埋伏。我軍若進，中其計也。汝輩焉知？宜速退。」於是兩路兵盡皆退去。

⑤　孔明見魏軍遠去，撫掌而笑。眾官無不駭然，乃問孔明曰：「司馬懿乃魏之名將，今統十五萬精兵到此，見了丞相，便速退去，何也？」孔明曰：「此人料吾平生謹慎，必不弄險，見如此模樣，疑有伏兵，所以退去。吾非行險，蓋因不得已而用之。此人必引軍投山北小路去也。吾已令興、苞二人在彼等候。」

⑥　眾皆驚服，曰：「丞相玄機，神鬼莫測。若某等之見，必棄城而走矣。」孔明曰：「吾兵止有二千五百，若棄城而走，必不能遠遁，得不為司馬懿所擒乎？」言訖，拍手大笑，曰：「吾若為司馬懿，必不便退也。」

壹、文本分析

一、概覽全文

　　首先由「標題預測」開始，本文標題為「空城計」，藉由標題預測可以得知全文應圍繞著一座城池開展。至於所謂的「空」，則可能指城裡人馬不多，或者指城裡糧草匱乏，而「計」則是指計謀、計策，是為了解決某一個困境所設想的謀略。接著概覽全文，發現文章共分六段，內容大致是指孔明一方人馬因故而人力、物力不足，又得面臨敵方司馬懿率大軍來襲，危急之下，孔明發揮智謀解決此一困境。從概覽中也可以發現，文本有人物、情節、對話，形式是小說文本。

二、切分意義段形成段落大意

　　概覽全文後，確認此為一故事體的小說文本，故將之依照「開始、發展、高潮、結束」的脈絡合併自然段，並據此脈絡繪出「故事線圖」。

　　文本意義段的第一段，作者先以敵我人數懸殊，製造危急氣氛，說明狀況緊急。第二段則見孔明冷靜部署，一一下令，另一方面則描述敵方司馬懿親率十五萬大軍來到城下，見情況不對勁，與之對峙。意義段第三段來到故事的高潮處，描述司馬懿猶疑不定本欲退兵，卻殺出一程咬金——司馬昭，其看似猜透孔明計謀，還好司馬懿終決定退兵。末段藉由孔明之口說明空城計的成功原因為「知己知彼」。

自然段	1	2	3	4	5	6
自然段大意	孔明在敵眾我寡的情勢下遇敵，並利用「飛馬」的報告塑造危急氛圍。	孔明一一下令，做出應變措施。	司馬懿兵臨城下，雙方對峙。	司馬懿欲退兵，然司馬昭無意間卻猜透孔明的心思。	退敵後，孔明解釋能退敵的緣由。	孔明解釋不能逃避強敵的原因。
意義段	一		二		三	四
	開始		發展		高潮	結束
意義段大意	司馬懿率大軍來襲，孔明在西城僅剩二千五百軍。此意義段對「空城計」之所以發生的背景做交代，是故事的「開始」。		孔明巧設「空城計」，一一下令部署。而司馬懿大軍兵臨城下，卻不敢進。此意義段敘述孔明對此危急情況的應變措施及司馬懿親臨城下時的猶疑，是為故事的「發展」。		司馬懿欲退兵，然而次子司馬昭質疑其父決定，卻讓司馬懿更加堅定退兵決策。此意義段描寫司馬昭猜透孔明心思，為故事掀起一波緊張的「高潮」。	透過孔明及眾官之口，敘述「空城計」之心理戰成功之因。此意義段收束全文，作者藉由孔明之口詮釋「空城計」。

三、全文大意

　　本文的大意是透過一個意外的危急情勢，描述主角孔明處變不驚、巧計退敵，從而塑造出一個慎謀能斷、指揮若定的人物形象。學生可藉此學習生活情境中面臨困境時解難的思維模式。

四、段落分析

　　教師可以從段落分析中，了解各段落重點，以及可以和學生討論的主題。段落分析可以從以下方式討論：重點整理、生難詞句、寫作技巧。教師可以依教學時間與學生能力來調整教學設計。

段落內容	段落分析
① 　孔明分撥已定，先引五千兵去西城縣搬運糧草。忽然十餘次飛馬報到，說司馬懿引大軍十五萬，望西城蜂擁而來。 　　時孔明身邊並無大將，止有一班文官，所引五千軍，已分一半先運糧草去了，只剩二千五百軍在城中。眾官聽得這消息，盡皆失色。	1.重點整理：交代故事發生的背景是因孔明與司馬懿敵眾我寡。 2.生難詞句：分撥、「望」西城蜂擁而來、「止」有一班文官。 3.寫作技巧： 　(1)以「十餘次飛馬」及「兵力懸殊」營造戰情緊急的氛圍。 　(2)運用對比技巧。
② 　孔明登城望之，果然塵土沖天，魏兵分兩路望西城縣殺來。孔明傳令：「眾將旌旗，盡皆藏匿。諸軍各守城鋪，如有妄行出入及高聲言語者，立斬。大開四門，每一門上用二十軍士扮作百姓，灑掃街道，如魏兵到時，不可擅動，吾自有計。」 　　孔明乃披鶴氅，戴綸巾，引二小童，攜琴一張，於城上敵樓前憑欄而坐，焚香操琴。	1.重點整理：孔明觀察敵情後，冷靜下令、一一部署「空城」。 　(1)針對其他人所下的指令，表現出軍令如山的威嚴。 　(2)孔明自己所做的舉動，故意表現悠閒自在。 2.生難詞句：旌旗、「乃」披「鶴氅」、綸巾。 3.寫作技巧： 　(1)透過孔明所下的一連串不合常理的指令及行為，營造懸疑的氣氛。 　(2)運用口語對話呈現人物性格。 　(3)誇飾的技巧，如「塵土沖天」。

段落內容	段落分析
③　卻說司馬懿前軍哨到城下，見了如此模樣，皆不敢進，急報與司馬懿。懿笑而不信，遂止住三軍，自飛馬遠遠望之，果見孔明坐於城樓之上，笑容可掬，焚香操琴。左有一童子，手捧寶劍；右有一童子，手執塵尾。城門內外有二十餘百姓，低頭灑掃，旁若無人。	1. 重點整理：透過司馬懿的眼中看孔明的部署，與自然段二的部分重複。 2. 生難詞句：笑容可掬、塵尾。 3. 寫作技巧： (1)透過司馬懿的眼中重複自然段二的「空城」情景，再次加深懸疑感。 (2)運用對比技巧。實際情況是戰爭一觸即發，表面上卻表現出詭異的寧靜。
④　懿看畢，大疑，便到中軍，教後軍作前軍，前軍作後軍，望北山路而退。次子司馬昭曰：「莫非諸葛亮無軍，故作此態，父親何故便退兵？」懿曰：「亮平生謹慎，不曾弄險。今大開城門，必有埋伏。我軍若進，中其計也。汝輩焉知？宜速退。」於是兩路兵盡皆退去。	1. 重點整理：司馬懿見此大疑，次子司馬昭看似無意卻點出孔明一方的真實情況。（暗示著此「空城計」專為司馬懿而設） 2. 生難詞句：汝輩、焉之、宜。 3. 寫作技巧： (1)透過司馬昭的對話將情節推展至更緊張高潮處。 (2)透過對話寫出孔明及司馬懿的性格。 (3)透過對話反襯孔明對於敵情知之甚詳，此計專為司馬懿而設，其他人無效。
⑤　孔明見魏軍遠去，撫掌而笑。眾官無不駭然，乃問孔明曰：「司馬懿乃魏之名將，今統十五萬精兵到此，見了丞相，便速退去，何也？」孔明曰：「此人料吾平生謹慎，必不弄險，見如此模樣，疑有伏兵，所以退去。吾非行險，蓋因不得已而用之。此人必引軍投山北小路去也。吾已令興、苞二人在彼等候。」	1. 重點整理：由孔明與眾官的對話說明「空城計」成功的原因，以及補足「空城計」中興、苞二人部署的部分。 2. 生難詞句：「乃」魏之名將、料、蓋、「投」山北小路。 3. 寫作技巧： (1)透過對話推展情節。 (2)運用對話對比孔明與司馬懿「知己知彼」的程度落差。
⑥　眾皆驚服，曰：「丞相玄機，神鬼莫測。若某等之見，必棄城而走矣。」孔明曰：「吾兵止有二千五百，若棄城而走，必不能遠遁，得不為司馬懿所擒乎？」言訖，拍手大笑，曰：「吾若為司馬懿，必不便退也。」	1. 重點整理：說明使用「空城計」不是故意為之，而是不得已行險。 2. 生難詞句：玄機、某等、言訖。 3. 寫作技巧：用對話對比眾官與孔明的智謀落差，烘托主角人物的神機妙算。

五、課文結構

　　將小說文本做成結構圖，有助於協助教師及學生對整個故事梗概形成統整的圖像，看出作者是如何推展故事情節：如何從故布疑陣、製造懸疑，釀成高潮至故事結束。一般而言，只要是故事體的文本多可透過「開始」、「發展」、「高潮」、「結束」的四部曲，一窺梗要，因此讓學生熟悉這樣的文章結構[2]，並運用此一架構，更容易協助其找出全文重點。

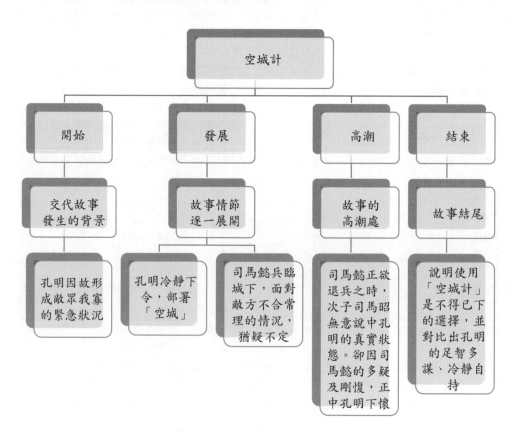

2　此處可以使用課文本位閱讀理解教學・教學策略資料庫中的「國中閱讀理解教學成分表」中 3-2「摘要──用文章結構寫摘要」的閱讀理解策略。〔課文本位閱讀理解教學・教學策略資料庫（2012）。2018 年 10 月 5 日，取自 http://tbb.nknu.edu.tw〕

六、全文深究分析

（一）寫作手法（文本表述）

1.小說文本的表述手法

(1)敘事觀點：〈空城計〉一文使用的是「全知觀點」的敘述方式，是長篇小說中最盛行的敘事觀點。全知觀點敘事者，不是故事中的任何一個角色，而是一個不涉入故事中、獨立於故事外的敘事者。敘事者可以自由進入任何角色的意識，去描寫角色的經歷見聞、對白行動、思想情感，例如：在〈空城計〉一文中，作者先後進入孔明、司馬懿和其他配角的意識，交叉描寫各個角色的想法、言行、心態。

(2)描寫方式：〈空城計〉一文正面描寫了主要人物孔明的言語、神態、動作，也描寫「眾官」的驚惶，同時還描寫了反面人物司馬懿的多疑和剛愎，透過以上描寫即能從正面、側面、反面襯托主角，形象而生動地表現了孔明的足智多謀，文字精煉，場面卻生動精彩。

2.主要寫作技巧

(1)運用懸疑的寫作技巧：所謂「懸疑」的寫作手法，即是將故事的重要內容化為一個個懸而未決的問題，先行提出或作暗示，故意造成疑團，以激起讀者期待的情緒或好奇的心理，而想一窺究竟。此一手法，可使情節跌宕起伏，引人入勝，強化了下文高潮的效果。而在〈空城計〉一文中，孔明面對一個看似無法逆轉的敗局，卻冷靜做出不合常理的部署，這些的「不合常理」及司馬懿果然如孔明所料一般的退兵[3]，對讀者來說即是一個個懸而未決的謎團，有待作者在後面的篇幅中一一破解。

---

3 如本文一般，將「結果」在文本中段（三、四段）即呈現出來，而後才如破解謎團一般一一解釋清楚，正是一般「懸疑」手法慣用的寫作模式。

(2)運用對比的寫作技巧：文本在文章一開端即以雙方兵力的懸殊，以實際的數字形成對比，此後，無論是主角孔明與其他眾官面對困境時的反應，或孔明與司馬懿的反應，皆形成強烈對比。作者以此對比手法從而烘托出一個足智多謀、料事如神的主角形象。

3.虛實交錯

《孫子兵法・兵勢篇》說：「奇正之變，不可勝窮也」；〈虛實篇〉也說：「兵之形，避實而擊虛」、「故兵無常勢，水無常形」，孫子認為用兵打仗沒有一成不變的打法，也沒有固定模式的戰術，只有隨機應變，兵無常勢，虛虛實實，變化無窮。而「虛者虛之，疑中生疑；剛柔之際，奇而復奇」[4]，就是空城計的最佳表現。空城計的實質本來就是空的，再以空來示人，就會使敵方產生懷疑，反而以為此種「空」的型態是陷阱，在敵我力量懸殊的情況下，會顯得更加引人懷疑。

此計既反映了人的心理，亦能看出運用之精妙。而成功之關鍵，則是要清楚地了解敵方將帥的心理狀況和性格特徵。

在〈空城計〉一文中，當司馬懿乘虛而入時，孔明不是透過浴血對戰來戰勝敵人，而是透過敵情分析，掌握敵方主帥的性格特徵、了解他的心理狀態，應敵致勝，但孔明自己也承認此為「險招」，是「蓋因不得已而用之」，此計只能當作緩兵之用，為防止敵人捲土重來，還得另外安排興、苞二人，事先埋伏於司馬懿撤退的路線上，增加可信度、加深敵方的疑慮。從「空城」的布置來看，孔明擺出城內的「虛」（城內無守軍），其實是當時西城的「實」，卻反而讓司馬懿疑心大起；興、苞二人的埋伏是「實」，追擊是「虛」，卻更達到空城計中「虛」張聲勢的效果。

4.「解難」主題

〈空城計〉一文雖是古代章回小說文本，主題卻是亙古不變的「解難」類

4　出自普穎華（編著）（1995）。敗戰計：第三十二計　空城計。載於普穎華（編著），三十六計。臺北市：昭文社。

型，在現代也有很多藝術形式，如小說、漫畫、動畫、電影均有相同的「解難」主題，可以請學生舉一實例說明，並介紹之。

（二）作者意圖

1. 塑造孔明「智」的形象

一篇小說最重要的其中一個元素就是人物，而羅貫中《三國演義》一書即是成功塑造了好幾個經典的人物形象，例如：毛宗崗就認為《三國演義》一書中有所謂的「智絕、義決、奸絕」，其云：「吾以為三國有三奇，可稱三絕：諸葛亮一絕也，關雲長一絕也，曹操亦一絕也。……歷稽載籍，賢相林立，而名高萬古者莫如孔明。……歷稽載籍，名將如雲，而絕倫超群者莫如雲長。……歷稽載籍，奸雄接踵，而智足以攬人才而欺天下者莫如曹操」[5]。這些人物縱使經過千百年歲月的淘洗，依舊深植人心。

從小學的〈草船借箭〉一文到國中的〈空城計〉一文，這兩篇和孔明相關的文本，讓學生們對於孔明的「智」留下深刻的印象。諸葛亮的「智」體現於：足智多謀、處變不驚、神機妙算、臨危不懼。以上四個部分，皆可和學生討論，並從文本中找到支持的理由。

（三）提出看法或問題

1. 司馬懿的「將計就計」

關於〈空城計〉一文中司馬懿的退兵，歷來一直有另一種說法：此說法認為「空城計」能成功，其中也是司馬懿的「將計就計」。

司馬懿深刻了解目前還不是消滅諸葛亮的時候，因為他知道自己在魏國的地位不穩，需要藉著對抗諸葛亮以掌有兵權，因此當諸葛亮在西城擺下空城計時，司馬懿當下心照不宣地「將計就計」，對著他的次子司馬昭說：「亮平生謹慎，

---

5 朱一玄、劉毓忱（編）（2003）。毛宗崗〈讀三國志法〉。載於三國演義資料匯編（頁255）。天津：南開大學出版社。

不曾弄險。今城門大開，必有埋伏。我軍若進，中其計也。汝輩焉知，宜速退。」司馬昭雖然堅持城中並無埋伏，但司馬懿調頭就走，連即使是自己的親生兒子也不願明說。

　　因此，可以提供學生《三國演義》〈第九十一回　祭瀘水漢相班師　伐中原武侯上表〉一回後半的文本[6]，此處情節是魏國因曹丕突然身亡，遞換新主曹叡，功高震主的司馬懿受讒，只得解甲歸田，據此內容和學生來談談司馬懿是否也有可能是「將計就計」？

2.〈空城計〉的「空」

　　從標題預測時即可知道，〈空城計〉一文著眼於「空」字，通篇圍繞著「空」而轉，因此可以此為主題，討論本篇的「空」在何處？擬答如下：

(1)空在「無兵」：文本證據是「眾將旌旗，盡皆藏匿。諸軍各守城鋪，如有妄行出入及高聲言語者，立斬」，孔明隱藏軍隊，讓敵人看不見士兵。

(2)空在「城池」：文本證據是「大開四門，每一門上用二十軍士扮作百姓，灑掃街道」，故意將城門大開，讓人一看就是一座「空城」。

(3)空在「無語」：文本證據在「如有妄行出入及高聲言語者，立斬」，整座城池闃寂無聲，面對著司馬懿的十五萬大軍，呈現出一種詭異的靜默。

(4)空在故作「悠閒」：文本證據是「披鶴氅，戴綸巾，引二小童，攜琴一張，於城上敵樓前憑欄而坐，焚香操琴」，面對著塵土沖天、殺氣騰騰的十五萬敵軍，孔明故作「悠閒」的撫琴，更大大的點出〈空城計〉的「空」字。

（四）課外經驗比較

1.在國中課程中經典而著名的章回小說篇章有〈王冕的少年時代〉、〈大明

---

[6] 《三國演義》〈第九十一回　祭瀘水漢相班師　伐中原武侯上表〉寫司馬懿受讒釋兵權，〈第九十四回　諸葛亮乘雪破羌兵　司馬懿剋日擒孟達〉則寫蜀軍力克魏國數城，曹叡不得已只得請出司馬懿為帥。

湖〉及本篇〈空城計〉[7]，一寫人、一寫景、一記事，可就「章回小說」此一文本形式討論比較。

2.此小說主題為「解難類型」，國中階段的相關範文有：〈定伯賣鬼〉、〈大鼠〉、〈射雕英雄傳：智鬥書生〉，可就這些篇章中主角人物的解難思維模式綜合討論及比較。

3.對於學生來說，生活中的困境俯拾即是，我們的學生是否會有以下情況：功課太深太難時，只想直接要答案，或是只會抱怨，不會主動向人請教，嘗試自己解決？或者遇上不明白的事物，只會逃避，不曉得自己找答案？也許和朋友吵架後，只會發脾氣，不懂得找方法跟對方和好？

這一系列學生的「症狀」，可以在讀完〈空城計〉後，其中孔明說：「吾兵止有二千五百，若棄城而走，必不能遠遁，得不為司馬懿所擒乎？」足見孔明之所以使用「空城計」，其實是因為他在權衡情勢後，發現面對會比逃避來的更有勝算。請學生想一想，生活中有沒有類似「面對比逃避更好」的困境類型，可提出並討論解決的方法，鼓勵學生體會、理解並學會選擇正面迎戰困境。

▊貳、教學設計

一、分析學習困難

1.如何從對話、表情、情緒與動作等細節，摘要小說情節中的「高潮」段。

2.如何進行「自我提問─有層次的提問」，並藉此推論小說主題。

3.如何藉由熟悉「自我提問─有層次的提問」之閱讀策略，學習評估自己的理解情形，並增進對文本的理解與思考。

---

7 節選自《西遊記》的〈美猴王〉，目前只出現於康軒版，非三個版本共有的篇章。

二、選擇教學策略

1.摘要小說情節中的「高潮」段：使用「摘要—用文章結構寫摘要」的閱讀理解策略，指導學生熟悉故事體「開始、發展、高潮、結束」的脈絡。

2.進行「自我提問—有層次的提問」：學習的樂趣與學習的主動性在於學生能否有問出好問題的能力。科學家愛因斯坦曾言：「假如我可以拿一小時的時間來解決一個攸關性命的問題，我會把前面的五十五分鐘用來決定應該怎麼問問題，因為一旦我知道什麼是正確的問題，就可以在五分鐘之內解決問題。」因此，在學生已熟悉小說文本的特質之學習鷹架下，可以練習針對小說主題，問「出」、問「對」問題。

三、決定教學重點

1.能按照「開始、發展、高潮、結束」的脈絡，摘出小說中的重點情節。
2.可以依據「開始、發展、高潮、結束」畫出故事線圖。
3.能找出小說中主要人物的困境及解難歷程。

說明：

1.從文本特徵而言：本文屬於小說文本，具備小說的基本元素：人物、情節、背景環境等，因此可使用「用文本結構寫摘要」的閱讀理解策略，以故事體最常見的架構「開始、發展、高潮、結束」，協助學生掌握小說情節及其轉折處。另外，108新課綱中國語文領域的學習內容—篇章一項，亦將「古典小說」列入教學重點，因此可以列為小說文本類的教學重點之一。

2.從學生學習背景而言：本文屬於古典小說，版本用書安排多出現在國二，此時的學生已具有基本的小說概念，已能掌握情節重點、人物特質，且國一時讀過另一篇古典小說〈王冕的少年時代〉，故再次複習從文章結構摘要情節重點。

因此，在此鷹架下，教師使用自學形式的閱讀理解策略「自我提問—有層次的提問」，讓學生練習另一教學重點「找出角色的困境及解難歷程」，以加強學生對於文本理解的後設認知。

四、擬訂各節次教學重點規劃

1.文本概覽：複習學生的舊經驗，藉由分辨文本形式、繪製「故事線」圖，進行「連結背景知識」之閱讀策略，並透過故事線圖的引導，理解文本脈絡。

2.進行「自我提問—有層次的提問」閱讀策略教學：先行解釋「三種層次問題」的差別後，先讓學生辨識，再帶領學生思考理解推論、評論問題如何完成。

3.進行「自我提問—有層次的提問」閱讀策略教學：學生參考上一節的示範問題，練習設定三個層次的問題。主要教學重點在於整理事實問題，進行統整推論問題、評論問題。

4.全文統整：進行最後的文本統整，以及作者、《三國演義》相關背景知識的補充。

五、教學策略設計

（一）教學目標

透過教師示範「有層次的提問」策略，讓學生能學習針對文本主題如何自我提出有層次的問題，並練習評估對文本的理解程度。

（二）學生經驗分析

1.知識經驗

(1)本篇課文出現於八年級下學期第九課，因此學生對於章回小說文體已有

一定的概念。（七年級下〈王冕的少年時代〉，八年級上〈美猴王〉）

(2)學生亦於七年級時學過小說體的文本（七年級上〈曹操掉下去了〉，八年級上〈項鍊〉），因此對於小說的架構與脈絡也有掌握。

2.策略經驗

在進行「自我提問—有層次的提問」閱讀策略時，學生需要先熟悉「大意—認識文本形式、用文章結構寫大意」、「理解監控」及「推論—由文本找支持理由」（如〈王冕的少年時代〉）之閱讀策略，而本文出現於八年級，因此學生在七年級熟悉以上策略後，即可以進行練習「有層次的提問」。

（三）設計理念

1.本文文本形式為章回小說，是學生第二次遇見，因此於第一節「全文概覽」的部分複習學生的舊經驗，藉由分辨文本形式、繪製「故事線」圖，進行「連結背景知識」（文本形式及主角孔明的背景知識）之閱讀策略。

2.經由文本分析後，本文為「解難」類型的小說，而無論是現代小說或是古典小說，皆是學生生活中常接觸且喜愛的文本，因此運用自學形式的「自我提問—有層次的提問」之閱讀策略，讓學生學習「自主地」從文本中找到小說人物的困境及問題解決的模式，並透過主角、配角解決模式的比較，學習高人一等的問題解決技巧。

（四）策略步驟

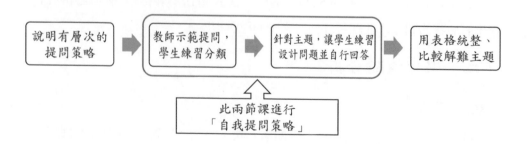

參、教學實施

一、教學活動設計

◆教師示範提問，學生練習分類

（一）暖身活動

　　引導語：這堂課要練習的閱讀策略是「自我提問」中的「有層次的提問」，透過這種「自問自答」的方式，可以協助自己注意文章中的重要訊息，增進對內容的理解，更可以藉此評估自己對文本的理解程度。

（二）發展活動

1.教師運用「推論──連結背景知識」策略提問

　　教師提問：

　　(1)同學之前是否有讀過《三國演義》的故事？

　　　擬答：學生自行回答。（特別提國小所學的篇章〈草船借箭〉）

　　(2)請同學回憶一下，〈草船借箭〉中孔明所遇到的困境及其解決策略。

　　　擬答：孔明所遇的困境是需在短時間之內籌集十萬枝箭，其解決策略是運用其知識於晚上大霧中向曹操騙得十萬枝箭。

2.教師示範「有層次的提問」策略，並讓學生練習分類問題

　　教師提問：

　　(1)同學閱讀過文本後，請舉出此篇小說的主角及配角？

　　　擬答：孔明、司馬懿。

　　　這堂課就由老師來示範如何透過「自我提問」來統整主角「孔明」所遭遇到的困難及其解決策略。（發下「有層次的提問學習單」及教師示範

問題表 A3 版一組一張）

(2)請同學先瀏覽「有層次的提問學習單」中的檢核重點。組內討論後，教師稍加解釋。

(3)請同學瀏覽教師示範問題列表，然後對照「有層次的提問學習單」中的檢核重點，例如：「事實」性的問題多屬於在文本中可以直接找到答案，而「推論、評論」性的問題則多需要跨段落統整或進行推論思考。

(4)請選擇合適的問題，分門別類的放入表格中，並同時回答該問題。（請小組準備剪刀，將問題一題題剪開再作分類的討論）

3.共同討論問題的分類

請各組將分類好的「有層次的提問單」A3 版相互交換批改，並計算小組分數。師生針對有疑義的部分共同討論各題的分類。

4.歸納「有層次的提問」中各層次所著重的重點

帶領學生找出「推論、評論」層次的問題與事實問題不同在哪裡？

教師示範提問：

(1)請觀察「推論、評論」的問題是否從「事實」性問題統整而來？（請學生盡量找出「推論、評論」的問題所相對應的「事實」問題）

(2)所以同學們可以發現「推論、評論」的問題是如何提出的？

擬答：整理事實性問題，找出這些事實性問題共通表達的概念。步驟如下圖：

提出事實性問題（訊息檢索）　→　整理事實性問題（找出其共同表達的概念）　→　根據概念主題提出「推論、評論」問題　→　設計完成「推論、評論」的問題

(3)除了這些問題，請針對「問題解決的模式」再設計「推論、評論」的問題。

擬答：請學生自由回答。

（三）綜合活動

回家作業──請每位學生將討論的結果整理如下表所示。

	遭遇的困難	解決策略	結果
孔明	敵軍來襲	確認。下達四個指令	止住不前
	讓司馬懿中計	上城樓彈琴、扮百姓灑掃	司馬懿大疑
	讓司馬懿退兵	增強司馬懿「孔明早有準備」之信念	司馬懿退兵

（粗框內由學生自行填入）

二、 教學活動規劃

◆針對主題，讓學生練習設計問題並自行回答

（一）暖身活動

引導語：上一節課老師已經示範「自我提問」中「有層次的提問」之閱讀策略，請各組依照「有層次的提問」中問題的三個層次：事實問題及推論、評論問題，針對文本中「司馬懿」遭遇的困難及其解決策略的部分，分組討論設計提問。

（二）發展活動

1.由學生練習「有層次的提問」策略

教學流程：

(1)教師於黑板投影有層次的提問表格。

(2)教師於組間巡視，適時協助各組討論事實性問題。

(3)請各組輪流上臺填寫所設計的事實性問題（黑板已投影有層次的提問表格），類似的問題不可重複。依次序各組巡迴三次後，提供自由搶答機會，補充答案。

(4)請學生分組討論統整事實性問題，並藉此設計「推論、評論」性問題。

(5)教師巡視組間，視情況引導或補充學生未想到的問題。

(6)請各組輪流上臺填寫所設計的推論、評論性問題（黑板已投影有層次的提問表格），類似的問題不可重複。依次序各組巡迴三次後，提供自由搶答機會，補充答案。

(7)請學生將統整的題目抄錄於「三層次提問學習單」，並分組討論各題答案。

2.課後作業

每個人完成一份關於司馬懿的「三層次提問學習單」，並完整回答。

（三）綜合活動

教師統整及整理本堂課重點，並對兩位人物的解難策略進行比較討論。

教師提問：

(1)總結本課所練習的閱讀策略是「自我提問」中的「有層次的提問」，使用這個閱讀策略，可以增進自己對文本的理解。

(2)整理孔明、司馬懿兩位人物的問題解決策略，並請學生回答其優劣高低。

擬答：孔明在遇事時可以冷靜思考，並藉由其對司馬懿的了解，能將劣勢轉為優勢。而司馬懿遇事慌亂、易被表象所誤。（學生可以自由回答）

肆、教學評量

一、評量目標

能針對文本主題設計出三個層次的問題，並自行完整回答。

二、評量活動

策略教學中的第二節及其作業即能符合。

附錄　閱讀策略：有層次的提問，提問範例設計

「孔明」所遭遇的困難及其解決策略

問題層次	問題設計
事實問題 （約60%）	・提問 1.在自然段一中，孔明遇到了什麼困難？ 　（擬答：敵軍來襲，且軍力對比懸殊。） ・提問 2.針對自然段一的困難，孔明做了哪些指示？ 　（擬答：確認敵軍來襲，並做了自然段二的四個指令。） ・提問 3.孔明在自然段二中下的這些指令結果是什麼？ 　（擬答：司馬懿止住三軍前進。） ・提問 4.孔明在自然段三中對所遇到的困難，提出了什麼解決策略？ 　（擬答：表演空城，例如：上城樓故作悠閒的彈琴，要軍士扮作百姓打掃。） ・提問 5.孔明在自然段三中運用空城的計謀後，所造成的結果是？ 　（擬答：司馬懿見孔明笑容可掬、百姓旁若無人的灑掃，因而懷疑有詐。） ・提問 6.孔明在自然段四、五中運用計策後的結果是什麼？ 　（擬答：司馬懿退兵。）
推論問題 （約30%）	・提問 1. 在自然段三中孔明所有的舉動，例如：上城樓彈琴、要二十個軍士扮作百姓灑掃，是為了呈現什麼？ 　（擬答：「空城」的感覺。這兩個指令是為了「表演空城」。） ・提問 2.孔明在自然段三中遇到的困難是什麼？ 　（擬答：誘使司馬懿中計。） ・提問 3.孔明在自然段四中遇到的困難是什麼？ 　（擬答：讓司馬懿退兵。） ・提問 4.孔明在自然段四、五中運用了什麼策略，而讓司馬懿確定退兵？ 　（擬答：讓興、苞二人埋伏在司馬懿退兵的路線上，增強司馬懿對孔明早有準備的信念。）
評論問題 （約10%）	・提問 1.從文本情節中，你認為孔明的空城計能成功的原因有什麼？（讓學生自行作答） 　（擬答：①知己知彼、②冷靜觀察。） ・提問 2.從文本情節中，你認為孔明具有什麼樣的人格特質？ 　（擬答：①冷靜─因從遇難開始即冷靜布置。 　　　　②謹慎─因由司馬懿口中說出。 　　　　③善謀略─因出奇制勝。）

資料來源：康軒版國小國語第四冊第九課〈空城計〉

「司馬懿」所遭遇的困難及其解決策略

問題層次	問題設計
事實問題 （約60%）	· 提問 1.請在自然段三、四中找出司馬懿所遭遇的困難。（提示：有二個。此題是關鍵題，亦可由教師示範提出，作為後續提問設計的引導） 　（擬答：城門大開及孔明若無其事的彈琴。） · 提問 2.面對「城門大開」一難，司馬懿的解決策略是什麼？ 　（擬答：止住三軍確認。） · 提問 3.面對「城門大開」一難，其結果是什麼？ 　（擬答：起疑心。） · 提問 4.面對「孔明若無其事彈琴」一難，其結果是什麼？ 　（擬答：退兵。）
推論問題 （約30%）	· 提問 1.面對「孔明若無其事的彈琴」一難，司馬懿的想法是什麼？ 　（擬答：認為孔明故意欺敵、城中有埋伏等。）
評論問題 （約10%）	· 提問 1.作者在自然段第二段已描寫一次孔明，第三段透過司馬懿的眼睛再次描寫孔明在城樓上的模樣，其用意為何？ 　（擬答：第二段是交代孔明自己在下達命令後的行動，第三段則是由司馬懿的眼中看見的孔明，兩段前後印證，更可以展現出孔明「臨場演出」的鎮定從容。其餘可以讓學生自由發揮。） · 提問 2.文本中司馬懿一見情況不對則立即退兵，但次子司馬昭卻提出不同的看法，如果你是司馬懿面對城牆上的孔明，你會做出什麼選擇？ 　（擬答：學生自行回答，合乎邏輯即可。）

資料來源：康軒版國小國語第四冊第九課〈空城計〉

第七章

從文本分析到教學評量：〈五柳先生傳〉

王惠亭[1]、許淑蓉[2]、陳美惠[3]、王橘瑄[4]、許力云[5]

〈五柳先生傳〉　　　　　　　　　　　　　　　陶淵明

繪圖者：林川又

① 先生不知何許人也，亦不詳其姓字。宅邊有五柳樹，因以為號焉。

② 閑靜少言，不慕榮利。好讀書，不求甚解，每有會意，便欣然忘食。性嗜酒，家貧，不能常得。親舊知其如此，或置酒而招之。造飲輒盡，期在必醉，既醉而退，曾不吝情去留。環堵蕭然，不蔽風日；短褐穿結，簞瓢屢空—晏如也。常著文章自娛，頗示己志。忘懷得失，以此自終。

③ 贊曰：黔婁之妻有言：「不戚戚於貧賤，不汲汲於富貴。」極其言，茲若人之儔乎？酣觴賦詩，以樂其志。無懷氏之民歟！葛天氏之民歟！

---

1. 臺南市立海佃國民中學國文科教師。
2. 臺南市立海佃國民中學國文科教師。
3. 臺南市立海佃國民中學國文科教師。
4. 臺南市立海佃國民中學國文科教師。
5. 雲林縣立口湖國民中學國文科教師兼輔導主任。

壹、文本分析

一、概覽全文

　　閱讀時可先看標題，預測文章可能會寫些什麼，接著進行全文概覽，分出自然段，並試著理解全文大致在說些什麼、與原來預測有何不同、大概屬於哪一種文類……。

　　本文標題為「五柳先生傳」，藉由標題預測全文的內容可能是作者為五柳先生在寫傳記。接著概覽全文，發現文章共分為三段，內容大致在寫五柳先生得名的由來，其次介紹他的個性、愛好和家境，最後才提出評論，與之前的預測差不多。從概覽中也可發現，本文的形式應該屬於傳記的表述方式。

二、切分意義段形成段落大意

　　概覽全文後，可以發現本文的段落層次分明，進行切分意義段時，只要按照自然段即可。第一段作者先提及五柳先生名號的由來；第二段描寫五柳先生的個性、愛好、生活情形及志趣；第三段為評論，藉黔婁之妻的話讚揚五柳先生。

自然段	1	2				3
意義段	一	二				三
	稱號由來	個性	愛好	起居	志趣	評論
意義段大意	不知其名，以宅邊五柳為號	閑靜少言、不慕榮利	好讀書、性嗜酒	環堵蕭然，短褐穿結，簞瓢屢空	安貧樂道，著文娛志	引黔婁之妻之言自評，再以上古帝王自喻

三、全文大意

文本的大意是陶淵明託名五柳先生，為自己立傳，內容仿效史傳的形式，分為傳與贊兩部分。

四、段落分析

教師可以從段落分析中，了解各段落重點，以及可以和學生討論的主題。段落分析可以從以下方式討論：重點整理、生難詞句、寫作技巧。教師可以依教學時間與學生能力來調整教學設計。

段落內容	段落分析
1 先生不知何許人也，亦不詳其姓字。宅邊有五柳樹，因以為號焉。	1.重點整理：介紹名號由來，以「五柳先生」為名號，顯示出他的隱士風格。 2.生難詞句：焉。 3.寫作技巧：因果句型。
2 閑靜少言，不慕榮利。好讀書，不求甚解，每有會意，便欣然忘食。性嗜酒，家貧，不能常得。親舊知其如此，或置酒而招之。造飲輒盡，期在必醉，既醉而退，曾不吝情去留。環堵蕭然，不蔽風日；短褐穿結，簞瓢屢空──晏如也。常著文章自娛，頗示己志。忘懷得失，以此自終。	1.重點整理：描寫個性、愛好、生活情形及志趣。 (1)總說其人格特質。 (2)分說其愛好、生活概況。 (3)小結：以志趣回應其個性。 2.生難詞句： (1)難詞：不求甚解、會意、造飲輒盡、環堵蕭然、短褐穿結、簞瓢屢空、晏如、忘懷得失。 (2)難句：曾不吝情去留。 3.寫作技巧： (1)先總說，後分說的方式。 (2)偏義複詞：去留、忘懷。 (3)不慕榮利：透過住、衣、食的簡陋和缺乏，說明家貧的情形，凸顯他「安貧樂道」的性格。

段落內容	段落分析
③ 贊曰：黔婁之妻有言：「不戚戚於貧賤，不汲汲於富貴。」極其言，茲若人之儔乎？酣觴賦詩，以樂其志。無懷氏之民歟！葛天氏之民歟！	1.重點整理：藉黔婁之妻的話讚揚五柳先生。 (1)引用黔婁之妻的話呼應「不慕榮利」。 (2)暗指五柳先生和黔婁同屬淡泊名利之人。 (3)引上古帝王讚譽五柳先生的質樸率真。 (4)呼應「先生不知何許人也」。 2.生難詞句： (1)難詞：贊、戚戚、汲汲、極、酣觴、賦、歟。 (2)難句：「不戚戚於貧賤，不汲汲於富貴」、茲若人之儔乎？ 3.寫作技巧： (1)贊：仿史傳的筆法。 (2)類疊句型、對比映襯。

五、課文結構

從文本結構的分析，可以得知全文分三段：首段介紹其名號由來；次段先總說其人格特質，再分說其愛好、生活概況、志趣以回應其個性；末段評論引黔婁之妻之言讚揚五柳先生志節，再頌揚其質樸率真，並呼應首段作結。

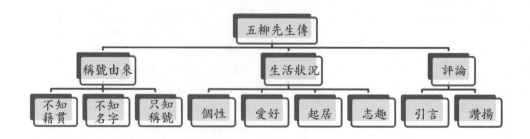

六、全文深究分析

（一）寫作手法（文本表述）

1.認識傳記文本形式：本文的文本形式為傳記，包含「傳」與「贊」兩部分。作者以史實的筆法，託名五柳先生以自況。文中先寫五柳先生得名的由來，其次介紹他的個性、愛好和家境，最後才對他提出評論。

2.寫作特色：作者假託五柳先生以自況的寫作手法，先傳後贊，使文章首尾相應。且運用偏義複詞，並呈現五柳先生的人格風貌，體會作者不慕榮利、質樸率真的情操。

3.本文是古文，如果在現代，你會如何設計五柳先生的臉書專頁？請以圖文呈現其基本資料、興趣、生活態度、專長等，並在課堂分享。

（二）作者意圖

1.本文實為陶淵明的自傳，但以五柳先生傳為篇名，目的不在寫個人的經歷，只是想抒寫自己的生活和理想。如果以自傳的方式，有些不必要的瑣事必須寫進來，就不能這樣精純。

2.如果是自傳的話，有些地方可能得避忌，不便直說，例如：「不慕榮利」、「忘懷得失」之類，就有自炫之嫌。而假借「五柳先生」的名號，便可以使自己站在第三者的立場著筆，顯得既客觀又真實。

3.「五柳先生」的名號，本身就給人一種瀟然出塵、不受現實羈絆的感覺，作者自我的理想，藉此已經烘托出來了。

4.魏晉時代是一個重門第的社會，有非常濃厚的貴族意識。陶淵明自己雖然也是東晉名將陶侃之後，但他對於這種動輒誇耀自己門閥的風氣極端嫌惡，所以故意不寫出「五柳先生」的「姓字」和家世，這也可以說是對於時代風氣的一種無言抗議。

（三）提出看法或問題

1.一般傳記會先說明傳中人的姓名、籍貫，而作者卻以「先生不知何許人也，亦不詳其姓字」為開頭，這樣的寫法有何用意？請說說你的看法。

2.五柳先生家境貧窮，他以何種態度去面對？這種態度與孔子的哪位弟子相近？

3.若文末改為「贊曰：五柳其人不戚戚於貧賤，不汲汲於富貴」，這樣與原本引用黔婁之妻的話相比，你認為兩者的寫法有何優劣？請說說你的看法。

4.本文實為陶淵明的自傳，但為何以「五柳先生傳」為篇名，而不用「陶淵明傳」，其用意為何？

5.文中陶淵明對於自己的個性、愛好多有著墨，你比較欣賞哪個部分？請說說你的看法。

（四）課外經驗比較

1.五柳先生與學過的胡適〈差不多先生傳〉一文中的差不多先生之人物比較。

2.本文與學過的胡適〈差不多先生傳〉一文的傳記形式、基本資料、評論做比較。

3.請學生分組找出古今中外為實現理想而甘於忍受物質生活匱乏的事例，並於課堂上分享內容及個人看法。

4.請學生在紙條上寫出班上「最率真」、「最豪放」、「最慷慨」或「最謹慎」的人，並簡述其事例。

◼ 貳、教學設計

一、分析學習困難

1.文言文難句的詮釋。

2.分析課文結構、歸納上層概念。

二、選擇教學策略

學習困難	閱讀策略選擇
1.文言文難句的詮釋	詞彙解碼，提問設計
2.分析課文結構、歸納上層概念	摘要策略——用文章結構寫摘要

（一）文言文難句的詮釋

1.偏義複詞的認定必須從上下文的意思來判斷。

2.本文中出現的引言難句，除了可採「圈補主詞、還原省略、替換語詞」外，也可採由上下語境推論或其他設計的方式處理。

（二）分析課文結構、歸納上層概念

1.教學策略——刪除／歸納／主題句。

2.透過學生閱讀文本，切分意義脈絡，從意義脈絡可得知作者由哪些面向來描寫五柳先生，歸納上層概念。

三、決定教學重點

1.學習從篇章結構，理解傳記形式一文。

2.分析課文結構，歸納上層概念。

3.文言文難句的詮釋。

說明：

1.從文本特徵而言：本文的文本形式為傳記，文本結構包含「傳」與「贊」兩部分。本文是作者模仿史書傳記的形式寫成，並採用第三人稱立場寫作，表面上像是一個杜撰的人物，其實正是作者的自況。

2.從文本特徵而言：透過學生閱讀文本，切分意義脈絡，從意義脈絡可得知作者由哪些面向來描寫五柳先生，歸納上層概念。

3.從學生學習背景而言：本文屬傳記形式，學生在七年級上學期已學過胡適〈差不多先生傳〉，因此學生對傳記體有大致的概念，本課五柳的版本用書安排大部分出現在七年級下學期，所以可藉由這第二次的印象讓學生正式學習傳記的形式。由於上學期所學的傳記形式是白話文，本課是文言文，需再加強文言文難句的詮釋。

四、擬訂各節次教學重點規劃

1.全文概覽（作者、題解、標題、主題、文類……）。

2.段落理解第一、二段（分意義段、生難語詞、文意理解、詞句分析……）。

3.段落理解第二、三段（生難語詞、文意理解、詞句分析……）（核心概念統整──傳與贊兩部分）。

4.閱讀《史記・李將軍列傳》，讓學生了解比較傳記形式內容應包含基本資

料（傳）與評論（贊）兩部分。

五、教學策略設計

（一）教學目標

1.學習從篇章結構，理解傳記形式。

2.分析課文結構，歸納上層概念。

（二）學生經驗分析

1.知識經驗：學生已具有基本傳記知識，大致知道傳記的內容、形式，例如：七年級上學期的胡適〈差不多先生傳〉一文已大致認識傳記體文章。

2.策略經驗：七年級上學期已經學過詞彙策略，操作過生難語詞解釋的活動，例如：沈復〈兒時記趣〉。

（三）設計理念

1.本文屬於傳記體文章，透過對五柳先生的個性、生活及志趣等敘述來認識主角，能歸納出上層結構，透過教師示範、提問設計、學生小組練習，讓學生理解傳記形式。

2.閱讀《史記・李將軍列傳》一文，讓學生了解傳記形式包含「傳」與「贊」兩部分。

3.因本教案只針對主要策略——用文章結構寫摘要做撰寫，其餘不在此討論。

（四）策略步驟

切分意義脈絡 ➡ 歸納上層概念 ➡ 完成文章結構 ➡ 得知文本形式

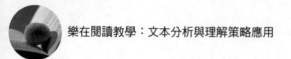

參、教學實施

教學活動規劃（以第三、四節為例）

（一）暖身活動

教師帶領學生閱讀文本，在朗讀中思考如何切分意義脈絡。

（二）發展活動

1.推論文本的文體

(1)師：從標題可推論，文本屬於什麼文體？

生：傳記。

(2)師：如果要寫傳記，會包含哪些內容？

生：自己的基本資料、求學過程、興趣及未來志向。

2.分析文本的內容

(1)師：練習從傳記應該具備的兩部分（傳與贊）切分出兩個意義段。

(2)師：示範第一段如何切分脈絡（畫斜線）與歸納上位概念。

先生不知何許人也，亦不詳其姓字／宅邊有五柳樹，因以為號焉→兩個
部分。

這兩個部分分別敘述五柳先生的籍貫、姓名／稱號。

(3)生：分組練習，切分句子，歸納上層概念，完成五柳先生人物特質表（如
本章附錄一）。

3.傳記的形式

(1)師：從課文結構中得知，本文的形式為何？可分為幾個部分？

(2)生：傳記。分為基本資料與評論兩個部分。

4.課後延伸閱讀

(1)師：發下《史記・李將軍列傳》（如本章附錄二）讓學生閱讀，找出基本資料與評論。

(2)生：分組討論，完成傳記形式比較表（如本章附錄三）。

（三）綜合活動

1.全班共同歸納出傳記文本應具備的重點要素

傳記文本應具備的重點要素：基本資料與評論。

2.歸納〈五柳先生傳〉和《史記・李將軍列傳》的共同處

(1)史傳內容皆應包含基本資料與評論兩部分。

(2)基本資料為傳，評論為贊，因此傳記文章形式會包含傳與贊兩部分。

※教學提醒

1.學習難處

學生可切分句子，但無法歸納出上層概念。

2.學習鷹架

(1)教師先示範關鍵字「何許」、「姓字」、「因以為號」，可推論出：籍貫、姓名、稱號。

(2)協助學生找出文句中的「關鍵字詞」，例如：「『好』讀書」、「『性』嗜酒」，可歸納出愛好。

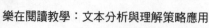

肆、教學評量

一、評量目標

能分析傳記文章的內容與形式。

二、評量活動

完成下列表格。

附錄一　五柳先生人物特質表：推論人物特質
　　　（示例─擬答）

面向	切分句子	文本形式
籍貫姓名	先生不知何許人，亦不詳其姓字。	傳
稱號	宅邊有五柳樹，因以為號焉。	
個性	閑靜少言，不慕榮利。	
愛好	好讀書，不求甚解，……既醉而退，曾不吝情去留。	
起居	環堵蕭然，不蔽風日；短褐穿結，簞瓢屢空一晏如也。	
志趣	常著文章自娛，頗示己志。忘懷得失，以此自終。	
評論	贊曰：黔婁之妻有言……葛天氏之民歟！	贊

附錄二　補充資料

《史記‧李將軍列傳》（節錄）

　　李將軍廣者，隴西成紀人也。其先曰李信，秦時為將，逐得燕太子丹者也。故槐里，徙成紀。廣家世世受射（授射法）。孝文帝十四年，匈奴大入蕭關，而廣以良家子（索隱案：如淳云「非醫、巫、商賈、百工也」）從軍擊胡，用善騎射，殺首虜多，為漢中郎。

　　廣廉，得賞賜輒分其麾下，飲食與士共之。終廣之身，為二千石四十餘年，家無餘財，終不言家產事。

　　廣為人長，猿臂，其善射亦天性也，雖其子孫他人學者，莫能及廣。廣訥口少言，與人居則畫地為軍陳，射闊狹以飲。專以射為戲，竟死。廣之將兵，乏絕之處，見水，士卒不盡飲，廣不近水，士卒不盡食，廣不嘗食。寬緩不苛，士以此愛樂為用。其射，見敵急，非在數十步之內，度不中不發，發即應弦而倒。用此，其將兵數困辱，其射猛獸亦為所傷云。

　　太史公曰：《傳》曰「其身正，不令而行；其身不正，雖令不從」。其李將軍之謂也？余睹李將軍悛悛如鄙人，口不能道辭。及死之日，天下知與不知，皆為盡哀。彼其忠實心誠信於士大夫也？諺曰「桃李不言，下自成蹊」。此言雖小，可以喻大也。

附錄三　傳記形式比較表（示例―擬答）

自然段	一	二	三	四
〈五柳先生傳〉	基本資料		評論	✗
《史記・李將軍列傳》	基本資料			評論

第八章

從文本分析到教學評量：〈為學一首示子姪〉

王秀梗[1]

〈為學一首示子姪〉

彭端淑

繪圖者：林川叉

[1] 天下事有難易乎？為之，則難者亦易矣；不為，則易者亦難矣。人之為學有難易乎？學之，則難者亦易矣；不學，則易者亦難矣。

[2] 吾資之昏，不逮人也；吾材之庸，不逮人也。旦旦而學之，久而不怠焉，迄乎成，而亦不知其昏與庸也。吾資之聰，倍人也；吾材之敏，倍人也。屏棄而不用，其（與）昏與庸無以異也。然則昏庸聰敏之用，豈有常哉？

[3] 蜀之鄙有二僧，其一貧，其一富。貧者語於富者曰：「吾欲之南海，何如？」富者曰：「子何恃而往？」曰：「吾一瓶一缽足矣。」富者曰：「吾數年來欲買舟而下，猶未能也。子何恃而往？」越明年，貧者自南海還，以告富者，富者有慚色。西蜀之去南海，不知幾千里也，僧之富者不能至，而貧者至焉。人之立志，顧不如蜀鄙之僧哉？

[4] 是故聰與敏，可恃而不可恃也。自恃其聰與敏而不學，自敗者也。昏與庸，可限而不可限也。不自限其昏與庸而力學不倦，自立者也。

---

1. 臺南市立復興國民中學國文科教師（退休）。

壹、文本分析

一、概覽全文

　　閱讀時可先看標題，預測文章可能會寫些什麼，接著進行全文概覽，分出自然段，並試著理解全文大致在說些什麼、與原來預測有何不同、大概屬於哪一種文類⋯⋯。

　　本文標題為「為學一首示子姪」，藉由標題預測全文的內容可能是作者與子姪輩談論關於為學的道理。接著概覽全文，發現文章共分為四段，內容大致在談為學的道理，並且也舉了例子說明，與之前的預測差不多。從概覽中也可發現，本文的形式應該屬於議論的表述方式。

二、切分意義段形成段落大意

　　概覽全文後，可以發現本文的段落層次分明，進行切分意義段時，只要按照自然段即可。第一段作者先提只要願意學，困難的事都會變簡單；第二段說明不管資質如何，都應該要認真學習；第三段舉例窮和尚成功的例子，說明篤志力行的重要性；最後作者統整全文做一結論，說明只要力學不倦，就能有成——全文是一篇完整的論述文章。

自然段	1	2	3	4
意義段	一	二	三	四
	論點	論據一	論據二	結論
意義段大意	學之，則難者亦易矣；不學，則易者亦難矣	不論資質，只要立志篤行，就有成果	不論貧富，只要立志篤行，就有成果	只要力學不倦，就能有成

三、全文大意

文本的大意是說明，不論資質聰敏昏庸、貧富，學習要有成果，其關鍵都在於力學不倦。

四、段落分析

教師可以從段落分析中，了解各段落重點，以及可以和學生討論的主題。段落分析可以從以下方式討論：重點整理、生難詞句、寫作技巧。教師可以依教學時間與學生能力來調整教學設計。

段落內容	段落分析
1　天下事有難易乎？為之，則難者亦易矣；不為，則易者亦難矣。人之為學有難易乎？學之，則難者亦易矣；不學，則易者亦難矣。	1.重點整理：為學成功操之在「學」。 (1)做事成功關鍵在「為」，先論述普遍原則——天下事。 (2)為學成功關鍵在「學」，再推衍至特殊原則——為學。 2.生難詞句：無。 3.寫作技巧： (1)排比句型、因果句型。 (2)以論述的方式說明「為」與「學」的重要。 (3)從「泛論天下事」到「聚焦主題為學」。
2　吾資之昏，不逮人也；吾材之庸，不逮人也。旦旦而學之，久而不怠焉，迄乎成，而亦不知其昏與庸也。吾資之聰，倍人也；吾材之敏，倍人也。屏棄而不用，其（與）昏與庸無以異也。然則昏庸聰敏之用，豈有常哉？	1.重點整理：為學成功的關鍵在學而不怠。 (1)昏庸的人只要努力，也會成功。 (2)聰敏的人若不努力，不會成功。 (3)小結：昏庸聰敏對學習的影響有限。 2.生難詞句： (1)難詞：吾資「之」昏、逮、旦旦、迄乎成、屏棄、無以異、然、常。 (2)難句：然則昏庸聰敏之用，豈有常哉？ 3.寫作技巧：對比映襯、排比句型。

171

段落內容	段落分析
③　蜀之鄙有二僧，其一貧，其一富。貧者語於富者曰：「吾欲之南海，何如？」富者曰：「子何恃而往？」曰：「吾一瓶一缽足矣。」富者曰：「吾數年來欲買舟而下，猶未能也。子何恃而往？」越明年，貧者自南海還，以告富者，富者有慚色。西蜀之去南海，不知幾千里也，僧之富者不能至，而貧者至焉。人之立志，顧不如蜀鄙之僧哉？	1.重點整理：舉例說明立志篤行方能有成。 (1)蜀僧一貧一富。 (2)富僧認為貧僧無法到南海。 (3)貧僧完成心願，富僧慚愧。 (4)小結：要學習貧僧的努力。 2.生難詞句： (1)難詞：鄙、語、欲「之」南海、越明年、西蜀之去南海、焉。 (2)難句：人之立志，顧不如蜀鄙之僧哉？ 3.寫作技巧： (1)論證方式：正反例、比較論證。 (2)越明年：透過前往南海需耗時日之久來說明此事之艱辛。
④　是故聰與敏，可恃而不可恃也。自恃其聰與敏而不學，自敗者也。昏與庸，可限而不可限也。不自限其昏與庸而力學不倦，自立者也。	1.重點整理：以力學不倦方能有成作結。 (1)聰敏不可恃。 (2)昏庸不可限。 (3)力學不倦才是關鍵。 2.難句：聰與敏，可恃而不可恃也。昏與庸，可限而不可限也 3.寫作技巧：以正反論述推論出結論。

五、課文結構

　　從文本結構的分析，可以協助教師與學生對文本產生一個統整的圖像，看出作者對文本的舖陳架構，以及用了哪些支持的理由或論點。從文本中可以看出，一開始即提出作者的論點，再針對此論點，提出一些論據來說明自己的觀點，以說服讀者接受作者的觀點。最後，作者再以一個結論作總結，讓全文在「論點—論據—結論」中形成一篇結構完整的文章。教師亦可以依此帶領學生找找看哪一篇文章有像這樣的結構，或是模寫一篇類似結構的文章。

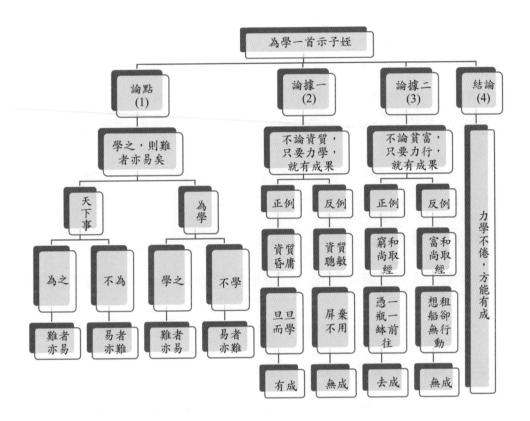

六、全文深究分析

（一）寫作手法（文本表述）

1.議論文本的表述手法：在 108 新課綱中，國語文領綱的學習內容——文本表述—議論文本提及，議論文本的表述手法是以事實、理論為論據，以達到說服、建構、批判等目的的方式。本文作者為了說服子姪晚輩關於為學應秉持著不論資質高下都應力學不倦的觀念，因此舉了事實（二僧取經）、理論（資質優劣）為論據以達目的。

2.運用許多對比映襯的句子，以凸顯主題：本文運用許多對比映襯的手法，例如：為與不為、學與不學、資質聰敏與昏庸、貧僧與富僧等，藉由正反映襯的寫作手法來凸顯不論資質、不論貧富，皆應力學不倦的主題。

3.在生活、閱讀經驗中，有哪些可以拿來做為對比的實例：以國中生而言，在學校的課業學習上，可試著從同儕中尋找例子，也可以從生活中尋找社會時事以驗證。

4.本文是古文，如果在現代，若要寫一篇這樣的文章，你要如何設計？會舉哪些例子說明？可以小組討論。

（二）作者意圖

1.針對一般人易犯的毛病來訓勉子姪後輩，不論資質高下，治學都應力學不倦。

2.作者是否有清楚表達他的意圖？還可以使用什麼例子加以補充嗎？

（三）提出看法或問題

1.本文以討論「為學」為核心，但是文中舉的貧僧、富僧與「為學」並無直接關聯，這樣的例證適合嗎？

2.如果刪去貧、富二僧的事例，對全文有何影響？

3.文中有哪些對比的地方？貧富、為學、資質、堅持？

4.是否富有的人就不會成功？

5.針對本文的主題，日常生活中還可以舉出哪些正例？反例？

6.我們的生活周遭有哪些正例、反例可以印證文章主題？

（四）課外經驗比較

1.貧、富二僧與學過的王溢嘉〈音樂家與職籃巨星〉一文中的音樂家、職籃巨星人物比較。

2.本文與學過的王溢嘉〈音樂家與職籃巨星〉一文的論述主題、寫作手法比

較。

　　3.其他國中、小的文本舉例，例如：陳幸蕙〈生命中的碎珠〉、羅家倫〈運動家的風度〉等。

　　4.生活中的相關事例，可以舉例討論。

貳、教學設計

一、分析學習困難

　　1.文言文難句的詮釋。

　　2.分辨事例與理例的不同論據與產生的效果。

二、選擇教學策略

學習困難	閱讀策略選擇
1. 文言文難句的詮釋	詞彙解碼，提問設計
2. 分辨事例與理例的不同論據與產生的效果	摘要策略——用文章結構寫摘要—議論

（一）文言文難句的詮釋

　　1.可採「析字、形音連結、部件辨識、組字規則、由文推詞義」等方式詮釋生難語詞。

　　2.難句的處理除了可採「圈補主詞、還原省略、替換語詞」外，也可採由上下語境推論或其他設計。

（二）分辨事例與理例的不同論據與產生的效果

　　可利用議論表述的文章結構，找出論點與不同的論據，再推論不同的論據對

於論點的說明具有哪些不同的效果。

三、決定教學重點

1.摘出議論文的論點、論據與結論。
2.認識事例與理例的不同論據與效果。
3.文言文難句的詮釋。

說明：

　　1.從文本特徵而言：本文屬議論文本的表述手法，文本結構具有論點、論據與結論，是典型的議論文，因此可由文本結構摘要出大意——對於文言文的閱讀教學，可列為重點之一。

　　2.從文本特徵而言：本文第二段舉了天資聰穎與駑鈍之人來闡述，屬於事理的論據；第三段舉了貧、富二僧想到南海取經為例，屬於論據中的事例（事實的論據），故可藉此讓學生學習事例、理例等不同論據所產生的效果；再加上事實、理論的論據，又是108新課綱中國語文領綱的學習內容—文本表述—議論文本的新課題，故列為教學重點。

　　3.從學生學習背景而言：本文屬古典議論文，版本用書安排大部分出現在八年級，此時的學生已具有基本議論文知識，大致知道論點、論據，甚至也聽過貧、富二僧想到南海取經的白話文故事，因此在這些基礎下，要學習文言文摘要重點，是比較有鷹架可協助，因此列為教學重點。

　　4.從學生學習背景而言：對中學生而言，文言文是陌生的文章，尤其第二、四段的論述中，有部分的學習難句，需要被列為教學重點。

四、擬訂各節次教學重點規劃

1.全文概覽（作者、題解、標題、主題、文類……）。

2.段落理解第一、二段（分意義段、生難語詞、文意理解、詞句分析……）。

3.段落理解第三段（生難語詞、文意理解、詞句分析……）。

4.段落理解第四段（生難語詞、文意理解、詞句分析……）、全文統整（核心概念統整——論點、論據與結論）。

五、教學策略設計

（一）教學目標

認識事例與理例的不同論據與效果。

（二）學生經驗分析

1.知識經驗：學生已具有基本議論文知識，大致知道論點、論據，例如：七年級的王溢嘉〈音樂家與職籃巨星〉一文已大致認識議論文。

2.策略經驗：八年級已經學過詞彙策略，操作過生難語詞解釋的活動，例如：沈復〈兒時記趣〉或周敦頤〈愛蓮說〉。

（三）設計理念

1.本文與七年級學過的王溢嘉〈音樂家與職籃巨星〉類似，都屬於議論文，其論述主題也相同，因此課前的學習回顧可利用〈音樂家與職籃巨星〉的學習經驗。故可藉由〈音樂家與職籃巨星〉一課認識論說文要素（論點、論據）的能力，練習歸納出古典議論文的論點、論據與結論。

2.第二段屬於事理的論據（理例），第三段是論據中的事例（事實的論據），故可藉此讓學生學習不同論據產生的效果。

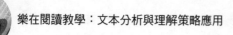

（四）策略步驟

 找出論點、論據與結論 分辨不同的論據 　　　討論事例、理例造成的效果

參、教學實施

教學活動規劃（以第四節為例）

（一）暖身活動

整理第四個意義段重點——找呼應的段落、找支持句、梳理難句、整理意義段重點。

（二）發展活動

1.推論文本的論點

(1)師：由文本每一段的重點可得知，成功最重要的關鍵是什麼？

生：力學不倦。

(2)師：這就是議論文的「論點」。

2.歸納文本的論據

(1)師：為了證明「力學才會成功」這個論點，作者找了哪些例子來說明？

生：資質聰敏或昏庸、富僧與貧僧。

(2)師：這就是議論文中證明論點的「論據」。

3.討論不同論據造成的效果

(1)師：第三段舉了富僧與貧僧的例子，請問對於文章的論點造成什麼效果？

生：例子採用說故事的方式（而且還有富僧與貧僧的對比），更可以清楚證明文章的論點。

師：這就是「論據」中「事實的論據」與造成的寫作效果。

(2)師：第二段舉了資質昏庸聰敏的論據，請問對於文章的論點造成什麼效果？

生：第二段針對第一段提出的論點「只要學之，則難者亦易矣」立即說明「不論資質昏庸聰敏」都切合這個論點，可以澄清資質與努力之間的關係，因此更有力說明了作者的論點。

師：這就是「論據」中「事理的論據」與造成的寫作效果。

4.歸納文本的結論

(1)師：最後的結論是什麼？

生：學習要能有成，重要的是努力，不是資質。

（三）綜合活動

1.全班共同歸納出議論文本應具備的重點要素

議論文本應具備的重點要素：論點、論據（與結論）。

2.歸納事例與理例的異同與可以造成的效果

(1)事例與理例都是為了證明論點而舉的「論據」，事例是「事實的論據」，理例則是「事理的論據」。

(2)二者都是為了證明論點，讓作者的論點更清楚陳述。

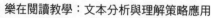

※教學提醒

　　本節課學生的學習難處在於「事實與事理的論據」如何分辨，以及兩者有何不同的效果。針對這個學習困難，可於課堂討論時多觀察學生反應，尤其是第二段「事理的論據」所造成的寫作效果比第三段舉事例更難，可讓學生分析第二段每一句說理的層次。

肆、教學評量

一、評量目標

　　能正確判斷文章的論點與論據。

二、評量活動

　　完成下列試題的選答。

> 從女性主義文論的觀點來看，武俠小說是「男性沙文主義」的心理滿足。因為①小說裡的男俠，幾乎是所有女性的追求對象。此外，②心狠手辣的邪魔也不時以尤物姿態出現，遙相呼應傳統的「紅顏禍水」觀。因此，③武俠小說是「男權」的文化「幫兇」。也許有人會說，④女俠或女魔頭走出了閨房和廚房，是否可視為「女權」的伸張？表面上如此，但實際上，女俠終究要成為男俠的附庸，因此不能被視之為對「男權」的挑戰。

　　上述這段論述中畫線的文字，何者屬於作者意圖陳述的論點，而非立論的證據？（A）①　（B）②　（C）③※　（D）④

（本試題摘自 104 教育會考 104-26 題，網址：https://cap.nace.edu.tw/）

第九章

從文本分析到教學評量：〈兒時記趣〉

許尤美[1]

〈兒時記趣〉　　　　　　　　　沈復

[1] 余憶童稚時，能張目對日，明察秋毫，見藐小微物，必細察其紋理，故時有物外之趣。

[2] 夏蚊成雷，私擬作群鶴舞空，心之所向，則或千或百，果然鶴也。昂首觀之，項為之強。又常留蚊於素帳中，徐噴以煙，使之沖煙飛鳴，作青雲白鶴觀，果如鶴唳雲端；為之怡然稱快。

繪圖者：林川又

[3] 又常於土牆凹凸處、花臺小草叢雜處，蹲其身，使與臺齊；定神細視，以叢草為林，蟲蟻為獸，以土礫凸者為丘，凹者為壑；神遊其中，怡然自得。

[4] 一日，見二蟲鬥草間，觀之，興正濃，忽有龐然大物，拔山倒樹而來，蓋一癩蝦蟆也。舌一吐而二蟲盡為所吞，余年幼，方出神，不覺呀然驚恐，神定，捉蝦蟆，鞭數十，驅之別院。

---

1. 國立曾文高級農工職業學校國文科教師。

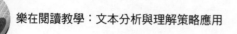

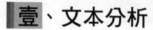

壹、文本分析

一、概覽全文

本文標題為「兒時記趣」，可見著重描述的時間在「兒時」，內容在「趣事」，因此可判斷文體為記述文，記錄作者童年時發生的趣事。文章共分四段，概覽全文發現內容與根據題目所預測的相差不多，第一段為總說，二、三、四段則分述兒時記憶中的趣事。

二、切分意義段形成段落大意

本文段落層次分明，切分意義段時只需根據自然段即可。

自然段	1	2	3	4
意義段	一	二	三	四
	總說	分述	分述	分述
意義段大意	自言小時目力好、善觀察、好奇心強，常有物外之趣	觀察飛蚊，將其想像為群鶴舞空之趣	觀察叢草、蟲蟻、土礫，將其想像為森林、走獸、丘壑之趣	觀察二蟲爭鬥之趣，以及癩蝦蟆闖進而遭作者驅逐之事

三、全文大意

本文的大意在記述作者童年運用觀察力和想像力，在生活中得到許多物外之趣。

四、段落分析

　　教師可以從段落分析中，了解各段落重點，以及可以和學生討論的主題。段落分析可以從以下方式討論：重點整理、生難詞句、寫作技巧。教師可以依教學時間與學生能力來調整教學設計。

段落內容	段落分析
① 余憶童稚時，能張目對日，明察秋毫，見藐小微物，必細察其紋理，故時有物外之趣。	1. 重點整理：產生物外之趣的原因。 (1)原因：眼力好、好奇心、細心觀察。 (2)結果：時有物外之趣。 2. 生難詞句：藐、物外「之」趣。 3. 寫作技巧： (1)因果句型。 (2)提出總說，以「物外之趣」貫串全文。
② 夏蚊成雷，私擬作群鶴舞空，心之所向，則或千或百，果然鶴也。昂首觀之，項為之強。又常留蚊於素帳中，徐噴以煙，使之沖煙飛鳴，作青雲白鶴觀，果如鶴唳雲端；為之怡然稱快。	1. 重點整理：夏蚊的物外之趣。 (1)繼觀察力後提出想像力。 　①「蚊飛」變「鶴舞」。 　②「蚊鳴」變「鶴唳」。 (2)過程： 　①夏蚊成雷—群鶴舞空，或千或百，果然鶴也—昂首觀之，項為之強。 　②留蚊於素帳中，徐噴以煙，使之沖煙飛鳴—作青雲白鶴觀—果如鶴唳雲端—怡然稱快。 (3)感受： 　①外在動作：項為之強（透過動作寫渾然忘我）。 　②內在：怡然稱快。 2. 生難詞句： (1)難詞：之、以、於、然、或。 (2)難句：心之所向、項為之強、徐噴以煙。 3. 寫作技巧：擬實（觀察到的景物）為虛（想像的畫面）。

段落內容	段落分析
③　又常於土牆凹凸處、花臺小草叢雜處，蹲其身，使與臺齊；定神細視，以叢草為林，蟲蟻為獸，以土礫凸者為丘，凹者為壑；神遊其中，怡然自得。	1.重點整理：蟲蟻的物外之趣。 (1)觀察的地點：土牆凹凸處、花臺小草叢雜處。 (2)想像力的運用。 　①「叢草」變「林」（生物）。 　②「蟲蟻」變「獸」（生物）。 　③「土礫」變「丘壑」（無生物）。 (3)感受：怡然自得。 2.生難詞句： (1)難詞：於、然。 (2)難句：以……為……。 3.寫作技巧： (1)擬實（觀察到的景物）為虛（想像的畫面）。 (2)排比句。
④　一日，見二蟲鬥草間，觀之，興正濃，忽有龐然大物，拔山倒樹而來，蓋一癩蝦蟆也。舌一吐而二蟲盡為所吞，余年幼，方出神，不覺呀然驚恐，神定，捉蝦蟆，鞭數十，驅之別院。	1.重點整理：癩蝦蟆事件。 (1)事件背景：二蟲鬥草間。 (2)想像力運用： 　①「土礫」變「山」。 　②「叢草」變「樹」。 　③「癩蝦蟆」變「龐然大物」。 (3)感受：呀然驚恐。 (4)動作：捉蝦蟆，鞭數十，驅之別院。 2.難句： (1)難詞：之、蓋、方、然。 (2)難句：盡為所吞。 3.寫作技巧： (1)擬實（觀察到的景物）為虛（想像的畫面）。 (2)誇飾句。

五、課文結構

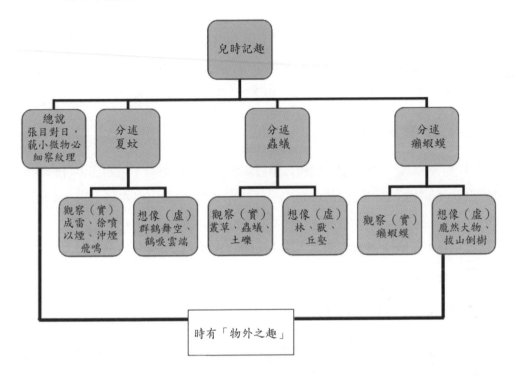

六、全文深究分析

（一）寫作手法（文本表述）

1.記述文本的表述手法：記述文本是記述親身經歷與見聞的一種文體，也就是說，把所見所聞或經歷一件事情的始末，就實際的需要，用文字或精簡或詳實的記載下來。本文作者記錄兒時運用觀察力和想像力在平凡無奇的童年中增加了樂趣，其中首段為總說——「物外之趣」，後三段為分述，記錄了三件事（夏蚊、蟲蟻和癩蝦蟆）來呼應首段的「物外之趣」。

2.運用虛實互用的寫作技巧，以凸顯主題：本文作者透過觀察力和想像力的轉化，運用虛實互用的寫作技巧，將現實中尋常可見的事物，變成了奇幻的異次元，展現出主題的「物外之趣」。

3.生活中有哪些事物是利用觀察力和想像力創造出來的產物？生活中有很多事物都是藉由觀察自然界的事物和發揮想像力創造出來的，例如：直升機、魔鬼沾等，學生也可以運用自己的觀察力和想像力找出兩者的相關性。

（二）作者意圖

1.《浮生六記》為沈復的自傳，全書為作者出使琉球時，用四個半月的時間所完成，前半生的記憶全在此書中，〈兒時記趣〉即是出自六記中的〈閒情記趣〉。

2.〈閒情記趣〉著重在表現生活中的閒情逸致，因此〈兒時記趣〉內容集中在童年時的趣事。

（三）提出看法或問題

1.本文第一段中提到「能張目對日，明察秋毫」，在文章的脈絡中扮演什麼地位？

2.本文中所提到的蚊子、蟲蟻、土礫和癩蝦蟆都是生活中常見甚至是不受歡迎的事物，請問作者為什麼把這些當成文章的重點來描寫？

3.本文中提到「忽有龐然大物」、「不覺呀然驚恐」，請問癩蝦蟆並不龐大，何以作者會說牠是龐然大物而且受到驚嚇呢？

4.文章中共分述了三件具體事例來說明作者的物外之趣，請問這三段中的觀察角度有何異同？

5.如果作者選擇生活中更特殊的事物來描寫童年的趣味，是否會更具有說服力？

6.本文以描述「童年趣事」為核心，你認為作者是如何在平凡的事物中找到「物外之趣」？

（四）課外經驗比較

1.可與之前所學過的記述文比較文章結構。

2.可與之前所學過的記述文比較寫作手法。

3.長輩和自己兒時生活中的相關趣事，可以舉例分享。

貳、教學設計

一、分析學習困難

1.文言文難句的詮釋。

2.分辨實寫與虛寫的寫作技巧。

二、選擇教學策略

學習困難	閱讀策略選擇
1.文言文難句的詮釋	詞彙解碼，提問設計
2.分辨實寫和虛寫的寫作技巧	筆記策略——用表格整理文章中實寫虛寫的技巧—記述文

（一）文言文難句的詮釋

1.可採「析字、形音連結、部件辨識、組字規則、由文推詞義」等方式詮釋生難語詞。

2.難句的處理除了可採「圈補主詞、還原省略、替換語詞」外，也可採由上下語境推論或其他設計。

（二）分辨實寫和虛寫的寫作技巧

以表格方式濃縮訊息，呈現出訊息之間的關聯，增進對文本的了解。

三、決定教學重點

1.摘出文本中的實寫和虛寫部分。

2.認識實寫和虛寫的不同效果。

3.文言文中代詞「之」字的意義。

4.利用筆記策略──表格，整理前面所提出的重點。

說明：

1.從文本特徵而言：本文屬記述文，文本結構第一段為總說，第二、三、四段為分述。文本第二、三、四段，作者發揮觀察力和想像力，將生活中平凡的事物利用譬喻和誇飾的修辭，創造了新奇有趣的世界。教師可借由第二段的分析當鷹架，讓學生自行練習第三、四段，以了解作者虛實互用的寫作技巧。

2.從學生學習背景而言：本文屬古典記述文，版本用書安排大部分出現在七年級，此時的學生已具有基本文言文翻譯的能力，因此在這些基礎下，可透過上下文推詞義的方式找出文言文中代詞「之」字的意義，因此列為教學重點。

3.從學生學習背景而言：對中學生而言，文言文是陌生的文章，尤其第二、四段的論述中，有部分的學習難句，是需要被列為教學重點的部分。

4.從文本特徵而言：因為文本結構二、三、四段類似，再加上代詞「之」字在文本中重複出現，適合進行統整比較，因此利用筆記策略濃縮重點，以提高學生對所閱讀文章的理解和保留。

四、擬訂各節次教學重點規劃

1.全文概覽（作者、題解、標題、主題、文類……）。

2.段落理解第一段（分意義段、生難語詞、文意理解、詞句分析……）。

3.段落理解第二、三、四段（生難語詞、文意理解、詞句分析……）。

4.全文統整（核心概念統整——用筆記歸納虛實互用寫作技巧和文言文中代詞「之」字的意義）。

五、教學策略設計

（一）教學目標

1.能了解虛實互用的寫作技巧。

2.能善用表格濃縮處理文字的訊息。

3.能了解文言文中「之」字的意義。

（二）學生經驗分析

1.知識經驗

(1)本文出現在七年級上學期第九課，之前文言文僅有《論語》和第二課〈絕句選〉出現，對文言文的句型結構不熟悉，理解文義稍有困難。

(2)已接觸過多篇的記述文，能了解記述文的篇章結構。

2.策略經驗

(1)第一次接觸記述文中虛實互用的寫作技巧。

(2)學生學習過利用表格做筆記的方法。

（三）設計理念

1.經由文本分析，本篇為記述文，重點在記錄作者童年透過觀察力和想像力的連結產生之樂趣，因此在觀察力和想像力之間虛實互用的寫作技巧，是本文的特點。藉由本教案可讓學生辨別以及了解虛實互用的寫作技巧。

2.文言文「之」字對於學生是一大挑戰，本文引導學生整理「之」字的意義，讓學生對「之」字有初步的概念。

（四）策略步驟

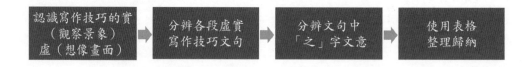

| 認識寫作技巧的實（觀察景象）虛（想像畫面） | ➡ | 分辨各段虛實寫作技巧文句 | ➡ | 分辨文句中「之」字文意 | ➡ | 使用表格整理歸納 |

參、教學實施

教學活動規劃（以第四節為例）

（一）暖身活動

整理第四個意義段重點——找呼應的段落、梳理難句、整理意義段重點。

（二）發展活動

1.找出文本觀察的景象和想像的畫面

(1)找出文本段落的作用。

師：文章內容共分四段，第一段的「物外之趣」有統攝全文的作用，與其他三段分別敘述不同的事物，你認為這四段該如何分類？

生：第一段是總說，其他三段是分述。

(2)歸納第二、三、四段中的虛實互用的景物。

師：請問第二段中，哪些是作者觀察到的景象？哪些是作者想像的畫面？
作者在第二段透過觀察與想像，帶來的心情感受又是如何？

生：「夏蚊（成雷）」、「留蚊於素帳中」、「徐噴以煙，使之沖煙飛
鳴」是觀察到的景象；「群鶴舞空」、「青雲白鶴」、「鶴唳雲端」
是想像的畫面；而心情是「怡然稱快」。

師：請和同學討論自行整理第三、四段中虛實互用的景象和心情，發下
附錄一請各組討論。

(3)討論虛實互用的寫作技巧所造成的效果。

師：在第二、三、四段中，作者利用想像力將現實中所觀察到的東西用
另一種景物呈現出來，請問對於文章內容造成什麼效果？

生：使平凡無奇的事物，增加了趣味，也讓文章多了可讀性。

2.完成兒時記趣中當成代名詞「之」字意義的表格

著重在利用上下文來判斷「之」字的意義，先不強調詞性。

師：為了精簡文字，對於前文所提過的事物，在文章中會用代名詞來取代，
如白話文的「你、我、他、它」。〈兒時記趣〉一文中則用了「之」字
來取代，請問下列表中所列出的字各是代表什麼事物？（發下附錄二
「之」字意義整理表格）

（三）綜合活動

1.全班共同歸納出文本中應用觀察力和想像力所寫出的虛實互用之寫作技巧
內容，根據第二、三、四段中的文句判斷填寫附錄一。

2.歸納文章中「之」字所代表的字義填寫於附錄二。

＊教學提醒

　　本節課學生的學習難處之一在於文言文「之」字的用法和意義，本文重點在引導學生利用上下文來判斷「之」字的意義，讓學生對「之」字有初步的概念，不需將教學重心放在文法分析「之」字的詞性，造成七年級學生對文言文的反感，從此視文言文為畏途。

肆、教學評量

一、評量目標

　　能發揮想像力，掌握共同點進行聯想，創造出趣味和新奇的感受。

二、評量活動

　　完成下列試題的選答。

「少年讀書，如隙中窺月；中年讀書，如庭中望月；老年讀書，如臺上玩月。」上文以「少年讀書→中年讀書→老年讀書」三種不同讀書的年紀，配合「隙中窺月→庭中望月→臺上玩月」三種觀月的角度，比喻讀書有層次進境。請問是作者掌握了讀書年紀和觀月角度的何種共同特質？

（張潮〈幽夢影〉）

（A）生命的熱情

（B）知識的熱愛

（C）視野之寬窄

（D）心胸之開闊

附錄一　綜合活動

〈兒時記趣〉裡的物外之「趣」（心情感受）＝ 觀察力加上想像力

說明：1.請依文本回答，判斷課文文句中，哪部分屬於使用觀察力？哪部分屬於使用想像
　　　　力？

　　　2.注意文中觀察的景象與想像的畫面有何相似特質？

遊戲地點	觀察的景象	想像的畫面	心情感受
室內 素帳			
室外 土牆凹凸處 花臺小草叢雜處			
室外 草間			

附錄二　〈兒時記趣〉裡「之」字的意義

課文例句	字義
昂首觀「之」	
項為「之」強	
使「之」沖煙飛鳴	
為「之」怡然稱快	
觀「之」，興正濃	

第十章

從文本分析到教學評量：
〈良馬對〉

王秀梗[1]、許力云[2]、王惠亭[3]、陳美惠[4]、許淑蓉[5]、王橘瑄[6]

〈良馬對〉　　　　　　　　　　　　　　　　　岳飛

1　帝問岳飛曰：「卿得良馬否？」

2　對曰：「臣有二馬，日啗芻豆數斗，飲泉一斛，然非精潔即不受；介而馳，初不甚疾，比行百里，始奮迅，自午至酉，猶可二百里，褫鞍甲而不息不汗，若無事然。此其受大而不苟取，力裕而不求逞，致遠之材也。不幸相繼以死。」

繪圖者：林川又

3　「今所乘者，日不過數升，而秣不擇粟，飲不擇泉；攬轡未安，踴躍疾驅，甫百里，力竭汗喘，殆欲斃然。此其寡取易盈，好逞易窮，駑鈍之材也。」

4　帝稱善。

---

1. 臺南市立復興國民中學國文科教師（退休）。
2. 雲林縣立口湖國民中學國文科教師兼輔導室主任。
3. 臺南市立海佃國民中學國文科教師。
4. 臺南市立海佃國民中學國文科教師。
5. 臺南市立海佃國民中學國文科教師。
6. 臺南市立海佃國民中學國文科教師。

壹、文本分析

一、概覽全文

　　本文標題為「良馬對」，透過標題，大概可以預測文本內容應與談論良馬問題相關，而標題中的「對」可能是屬於什麼意思？是回答亦或是對話？在進行全文概覽後，發現文章中主要由對話所組成，是宋高宗與岳飛之間對於良馬、劣馬的對話討論；文本的形式屬於良馬、劣馬的議論。

二、切分意義段形成段落大意

　　概覽全文之後，發現本文均由對話所組成，透過宋高宗與岳飛之間的對話，將關於良馬的看法展現於文章之中。因此，意義段為三大段，第一個意義段由宋高宗的詢問為發起，第二個意義段是岳飛對宋高宗的回應，第三意義段則以簡潔的句子表達宋高宗對於岳飛論點的贊同。

　　而本文的論述重點實則在於岳飛的回答，可以透過課堂問答了解學生對於課文重點落在哪裡為開端，協助學生在全文概覽後切分意義段。

自然段	1	2	3	4
意義段	一	二		三
	提問	說看法		結論
	宋高宗提問	岳飛說明	岳飛說明	宋高宗認可
意義段大意	宋高宗提問岳飛是否曾獲良馬	說明良馬的飲食與速度	說明劣馬的飲食與速度	宋高宗認同岳飛的看法

三、全文大意

本文的大意主要談論良馬與劣馬，列舉二者在飲食、速度上之差異，歸納出良馬與劣馬之別。

四、段落分析

教師可以從段落分析中，了解各段落重點，以及可以和學生討論的主題。段落分析可以從以下方式討論：重點整理、生難詞句、寫作技巧。教師可以依教學時間與學生能力來調整教學設計。

段落內容	段落分析
1 帝問岳飛曰：「卿得良馬否？」	1. 重點整理：宋高宗提問岳飛是否得過良馬。 2. 生難詞句： 生字：卿，此字為第二人稱代名詞。 3. 寫作技巧：以提問做為開始，透過問答組成全文，此為「對」之文體特色。
2 對曰：「臣有二馬，日啗芻豆數斗，飲泉一斛，然非精潔即不受；介而馳，初不甚疾，比行百里，始奮迅，自午至酉，猶可二百里，褫鞍甲而不息不汗，若無事然。此其受大而不苟取，力裕而不求逞，致遠之材也。不幸相繼以死。」	1. 重點整理：透過說明曾得知良馬在飲食與速度上之展現。 (1)飲：飲水量大，對於水源潔淨與否十分要求。 (2)食：即使食量很大，但對於糧食乾淨與否極有原則。 (3)速度：在奔馳能力上，即使一開始速度不快，但其體力與耐力佳，隨著時間過去不但不減速，還愈來愈快。 (4)特質：受大而不苟取、力裕而不求逞。

段落內容	段落分析
	2.生難詞句： (1)難詞：啗、斛、「介」而馳、「比」行、「褫」鞍甲。 (2)難句：「褫鞍甲而不息不汗，若無事然」、「此其受大而不苟取，力裕而不求逞，致遠之材也」。 3.寫作技巧：對比映襯。
③　「今所乘者，日不過數升，而秣不擇粟，飲不擇泉；攬轡未安，踴躍疾驅，甫百里，力竭汗喘，殆欲斃然。此其寡取易盈，好逞易窮，駑鈍之材也。」	1.重點整理：透過說明曾得知劣馬在飲食與速度上之展現。 (1)飲：飲水量小，不在意飲水潔淨。 (2)食：食量不大卻飢不擇食。 (3)速度：奔馳能力一開始還沒準備好就盡全力衝刺，但無法維持太久，即氣喘吁吁，無力之貌。 (4)特質：寡取易盈，好逞易窮。 2.生難詞句： (1)難詞：秣、攬「轡」未安、甫、殆。 (2)難句：「秣不擇粟，飲不擇泉；攬轡未安，踴躍疾驅，甫百里，力竭汗喘，殆欲斃然」、「寡取易盈，好逞易窮」。 3.寫作技巧：對比映襯。
④　帝稱善。	1.重點整理：透過良馬與劣馬之比較，推論本文將馬比喻為人才，良馬為賢才，劣馬為駑鈍不佳之才。 (1)良馬特質：受大而不苟取，力裕而不求逞。 　暗諭賢才：潔身自愛、自重持才。 　結論：致遠之才。 (2)劣馬特質：寡取易盈，好逞易窮。 　暗諷小人：不自重並輕露鋒芒，無法自持。 　結論：駑鈍之才。 2.生難詞句：無。 3.寫作技巧：透過對比，凸顯良馬優點，並透過良馬優點推論賢才之特質，並透過宋高宗之回答，顯示對予賢才之厚望。 4.結論：期盼宋高宗能透過此番問答理解賢才之優點，並且具分辨人才之能力。

五、課文結構

　　從文本結構的分析中，可以協助教師與學生對文本產生一個統整的圖像，看出作者對文本的舖陳架構，以及用了哪些支持的理由或論點。從〈良馬對〉一文中可以發現，本文主要以宋高宗與岳飛之問答為主要結構，而對於良馬之論點主要展現在第二、三個意義段岳飛之回答之中。透過岳飛回答凸顯出良馬與劣馬之差異，最後透過宋高宗之回應收束全文；透過兩人對答，逐漸聚焦良馬之特質，並且透過背景知識的連結，可從中推論出良馬與賢臣之間的比喻。

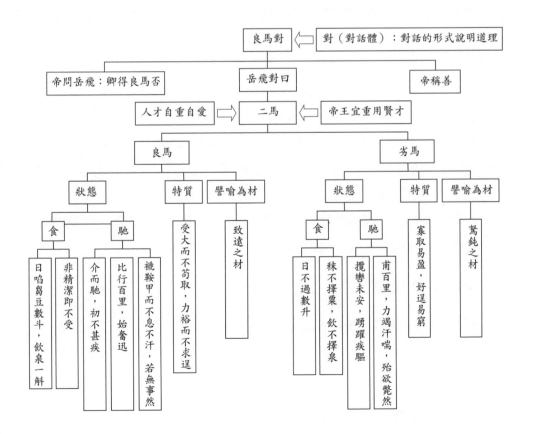

六、全文深究分析

（一）寫作手法（文本表述）

1.問答對話的表述手法：本文藉由宋高宗與岳飛的問答，分析良馬與劣馬之間的差異，進而闡述賢才宜自重自愛，透過問答討論，期盼宋高宗能夠辨識賢才、重用賢才。

2.運用許多對比映襯的句子，以凸顯主題：以「對比」手法，透過劣馬襯托良馬的難能可貴，其之間的差別即在於是否能夠自重自愛，例如：「褫鞍甲而不息不汗，若無事然」、「秣不擇粟，飲不擇泉；攬轡未安，踴躍疾驅，甫百里，力竭汗喘，殆欲斃然」、「寡取易盈，好逞易窮」、「此其受大而不苟取，力裕而不求逞，致遠之材也」，均透過正反映襯手法強調良馬具潔身自愛之特質，並透過此討論盼望宋高宗能夠具分辨良才之能力。

3.在生活、閱讀經驗中，有哪些可以拿來做為對比的實例？以國中生而言，在學校的課業學習上，可試著從同儕中尋找例子，也可以從生活中尋找社會時事以驗證。

4.本文是古文，如果在現代，若要寫一篇討論「英才」的文章，你要如何設計？會舉哪些例子說明？可以小組討論。

（二）作者意圖

1.藉由問答闡述良馬與劣馬之間的看法。

2.借良馬表達賢才應該自重自愛，也期許宋高宗能具備分辨賢才之能力，親近賢臣。

（三）提出看法或問題

1.本文從討論「得到良馬與否」為開端，並分別列舉良馬與劣馬之間的差

異，從良馬比喻至賢才，這樣的比喻合適嗎？

　　2.本文中岳飛提到「不幸相繼以死」，作者透過這樣的安排是否有言外之意？

　　3.本文中有哪些對比映襯的地方？

　　4.本文中從哪幾個層面比較良馬與劣馬？

　　5.岳飛說：「今所乘者，日不過數升……殆欲斃然」，這表示難道沒有良馬可以養了嗎？作者這樣的安排意欲為何？

　　6.從最後一段宋高宗的回答，能否得知宋高宗認同岳飛的看法？

　　7.作者是否有清楚表達他的意圖？還可以使用什麼例子加以補充嗎？

　　8.我們生活周遭有哪些正例、反例可以印證文章主題？

（四）課外經驗比較

　　1.本文與彭端淑〈為學一首示子姪〉、周敦頤〈愛蓮說〉的寫作手法比較。

　　2.本文透過對話的形式，闡述道理，請列舉曾學過的文本中，哪一篇的方式與之類似？

　　3.生活中的相關事例，可以舉例討論。

貳、教學設計

一、分析學習困難

　　1.文言文虛字判別、難句的詮釋。

　　2.比較良馬與劣馬的優劣時，不知如何由馬的特質推到人的特質。

　　3.雙重否定句型的理解，例如：「非」精潔即「不」受。

二、選擇教學策略

學習困難	閱讀策略選擇
1. 文言文難句的詮釋	詞彙解碼，提問設計
2. 比較良馬與劣馬的優劣時，不知如何由馬的特質推到人的特質	推論──連結背景知識 自我提問策略──詰問作者意圖
3. 雙重否定句型的理解，例如：「非」精潔即「不」受	詞彙解碼，句型講解

（一）文言文難句的詮釋

　　1. 可採「析字、形音連結、部件辨識、組字規則、由文推詞義」等方式詮釋生難語詞。

　　2. 難句的處理除了可採「圈補主詞、還原省略、替換語詞」外，也可採由上下語境推論設計。

（二）比較良馬與劣馬的優劣時，不知如何由馬的特質推到人的特質

　　1. 藉由補充當時的歷史背景、人事資料[7]，學生才能理解兩人為何要談論馬，以及從良馬如何聯想到賢才。

　　2. 可透過背景知識補充與提問引導，讓學生在閱讀中能自我思考，試著推論本文中的作者思考、安排本文的用意。

（三）雙重否定句型的理解

　　1. 引導學生找出句子與前後句／段落句的關係，推論出句型的用法。

---

7. 例如：岳飛的孫子岳珂曾整理岳飛遺事，編著《金佗稡編》，其中便有本文的相關資料與背景說明。參考資料：中國哲學書電子化計劃（https://ctext.org/zh）。

2.教師可搭學習鷹架，連結學生舊有經驗，形成學習遷移。

三、決定教學重點

1.如何由馬的特質推論到人的特質。

2.透過自我提問策略—詰問作者—推論作者意圖。

3.文言文難句的詮釋。

說明：

1.從文本特徵而言：本文第二意義段以「對比」手法，透過二馬的訊息整理，讓學生學習從比較圖表中看出劣馬的描述作用是在於襯托良馬的難能可貴，因此教學重點之一可設定在引導學生歸納出上層概念，以表格整理比較二馬的訊息。

2.從文本特徵而言：本文主要以宋高宗與岳飛之間的問答為主要架構，以岳飛的回答重點凸顯出良馬與劣馬的差異，並可從中推論出良馬與賢臣之間的比喻；故可採用自我提問策略——詰問作者意圖，做為一閱讀教學重點。

3.從學生學習背景而言：本文較接近古典議論文，版本用書安排大部分出現在八年級，此時的學生已具有基本議論文知識，大致知道議論的要素：要提出論點（看法）、以論據說明看法，因此可列為教學重點。

4.從學生學習背景而言：對中學生而言，文言文是陌生的文章，在第二段的論述中，有部分的虛詞及學習難句，是需要被列為教學重點的部分。

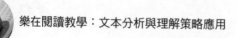

四、擬訂各節次教學重點規劃

第一節	全文概覽（作者、題解、標題、主題、文類……）、背景知識補充
第二節	段落理解（分意義段、生難語詞、文意理解、詞句分析……）
第三節	整理第二段的分類比較表格、 全文統整（核心概念統整——詰問作者意圖）

五、教學策略設計

（一）教學目標

1.分類整理表格，以比較二馬優劣。

2.由馬的特性推論人才特質，以詰問作者意圖。

（二）學生經驗分析

1.知識經驗：學生已具有基本議論文知識，大致知道要提出論點（看法）、以論據說明看法，例如：七年級的王溢嘉〈音樂家與職籃巨星〉、八年級的彭端淑〈為學一首示子姪〉已大致認識議論文。

2.策略經驗：八年級已學過自我提問策略，例如：羅貫中〈空城計〉、周敦頤〈愛蓮說〉。

（三）設計理念

1.本文以對話方式呈現岳飛回答宋高宗關於良馬的看法，第三節課第一部分的教學重點在於利用表格整理比較良馬和劣馬的差異。

2.文章核心在於「藉良馬表達賢才」的形象，因此第三節課第二部分的教學重點放在藉由馬的特性推論人才特質，以詰問作者意圖。

3.因本教案只針對自我提問策略——詰問作者意圖做撰寫，其餘不在此討論。

（四）策略步驟

比較良馬劣馬的不同　➡　完成評價表　➡　詰問作者意圖

參、教學實施

教學活動規劃（以第三節為例）

（一）暖身活動

複習第二個意義段重點。

（二）發展活動

1. 各組進行二馬的分類整理，完成比較表格。
2. 比較良馬劣馬的不同。

　　師：從設計表格的上層概念中，說說看岳飛從哪些面向來說明良馬、劣馬的不同？

　　生：食物、飲水、奔跑狀態（開始、持續力、跑完狀態），以及評價。

3. 連結背景知識，推論良馬與劣馬的象徵意涵，並找出支持的理由說明。

　　(1)師：閱讀補充知識後，可發現本文藉比較「良馬與劣馬」來比喻人才。
請同學討論岳飛想要藉由馬來比喻人才需具備何種特質？

　　　生：良馬：受大——喻賢才需受重視（好好照顧）。

　　　　　不苟取——喻賢才潔身自愛（自重自愛）。

　　　　　力裕──喻賢才能力卓越超群。

　　　　　不求逞──喻賢才含蓄謙遜，沉穩從容。

　　　小結：致遠之才。

　　　劣馬：寡取──喻庸才量小才疏。

　　　　　易盈──喻庸才容易自滿驕傲（覺得自己很厲害）。

　　　　　好逞──喻庸才好大喜功，極力求表現。

　　　　　易窮──喻庸才黔驢技窮，缺點盡露。

　　　小結：駑鈍之才。

　(2)師：文中的良馬與劣馬象徵意涵為何？

　　　生：賢才與庸才。

4. 詰問作者意圖：

　(1)師：從良馬與劣馬的比較表格，可發現採用了何種寫作手法？

　　　生：採用對比的寫作手法。

　(2)師：作者為何要使用這樣的寫作手法？

　　　生：透過對比效果，明顯看出二者的差異，更能凸顯良馬（賢才）的
　　　　　優點與珍貴難得。

　(3)師：岳飛曾有兩匹良馬，卻「不幸相繼以死」，作者這樣安排是否有
　　　　　言外之意？

　　　生：暗示皇帝沒有重視人才，讓賢臣懷才不遇。

（三）綜合活動

1. 個人完成良馬劣馬評價表。

　分析其所象徵的人物特質（馬→人）。

2. 歸納本文的結論：

　師：最後的結論是什麼？

　生：賢才應自重自愛，在上位者應任用賢才。

3. 個人完成「借物喻人」學習單填寫。

※教學提醒

　　1.學習困難：整理良馬劣馬比較表格時，無法歸納上層概念。

　　2.學習鷹架：可用關鍵字詞思考，例如：「日啗芻豆數斗，飲泉一斛」，可找到「啗、飲」兩個關鍵字，進而決定上層概念可以用「飲食」概括。

肆、教學評量

一、評量目標

　　學會「自我提問策略——詰問作者意圖」。

二、評量活動

　　完成下列試題的選答。

「今之士俗，無不好詩，甫就小學，必甘心而馳騖焉。於是庸音雜體，人各為容。至使膏腴子弟，恥文不逮，終朝點綴，分夜呻吟。獨觀謂為警策①，眾睹終淪平鈍。」 ①警策：作品中精彩扼要足以驚動讀者的部分
作者寫作這段文字的用意，最可能是下列何者？ （Ａ）歌頌詩風鼎盛，雅俗共賞　　　（Ｂ）憂心以詩取士，難得真才 （Ｃ）慨嘆詩風雖盛，但少有佳作※　（Ｄ）讚嘆各類詩體兼備，蔚為大觀 （本試題摘自 107 教育會考第 22 題，https://cap.nace.edu.tw/exam/107/107P_Chinese.pdf）

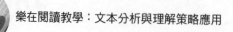

附錄一　良馬劣馬評價表

	飲食品質要求		奔跑狀態			評價
	食	飲	開始	持續力	完成狀態	
良馬	食量大 品質要求高	飲水多 品質要求高	慢	長	輕鬆	致遠之材
劣馬	食量小 品質要求低	飲水少 品質要求低	快	短	吃力	駑鈍之材

附錄二　借物喻人

借物	特質	喻人	象徵人物的特質
良馬	受大	（ 賢 ）才	賢才需受重視（好好照顧）
	不苟取		潔身自愛（自重自愛）
	力裕		能力超群
	不求逞		含蓄謙遜，沉穩從容
劣馬	寡取	（ 庸 ）才	量小才疏
	易盈		容易自滿驕傲（覺得自己很厲害）
	好逞		好大喜功，極求表現
	易窮		黔驢技窮，缺點盡露

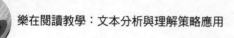

第十一章

從文本分析到教學評量：
〈王冕的少年時代〉

吳淑珍[1]、高榛澧[2]

〈王冕的少年時代〉　　　　　　　　　　　吳敬梓

繪圖者：林川又

1　　元朝末年，出了一個嶔崎磊落的人。這人姓王名冕，在諸暨縣鄉村裡住。七歲上死了父親，他母親做點針黹供他到村學堂裡去讀書。

2　　看看三個年頭，王冕已是十歲了，母親喚他到面前來說道：「兒啊！不是我有心要耽誤你，只因你父親亡後，我一個寡婦人家，年歲不好，柴米又貴，這幾件舊衣服和些舊傢伙，當的當了，賣的賣的了，只靠我做些針黹生活尋來的錢，如何供得你讀書？如今沒奈何，把你雇在間壁人家放牛，每月可得幾錢銀子，你又有現成飯吃，只在明日就要去了。」王冕道：「娘說的是。我在學堂坐著，心裡也悶，不如往他家放牛，倒快活些。假如要讀書，依舊可以帶幾本書去讀。」

3　　當夜商議定了，第二日，母親同他到間壁秦老家。秦老留著他母子兩個吃了早飯，牽出一條水牛來交與王冕，指著門外道：「就在我這大門過去兩箭之

---

1. 臺南市立安順國民中學國文科教師。
2. 臺南市立復興國民中學國文科教師。

地，便是七泖湖，湖邊一帶綠草，各家的牛，都在那裡打睡。又有幾十棵合抱的垂楊樹，十分陰涼。牛要渴了，就在湖邊飲水。小哥！你只在這一帶玩耍，不可遠去。我老漢每日兩餐小菜飯是不少的，每日早上還折兩個錢與你買點心吃；只是百事勤謹些，休嫌怠慢。」他母親謝了擾，要回家去。王冕送出門來，母親替他理理衣服，口裡說道：「你在此須要小心，休惹人說不是；早出晚歸，免我懸念。」王冕應諾，母親含著兩眼眼淚去了。

4　王冕自此在秦家放牛，每到黃昏，回家跟著母親歇宿。或遇秦家煮些醃魚、臘肉給他吃，他便拿塊荷葉包了，回家孝敬母親。每日點心錢也不用掉，聚到一兩個月，便偷個空走到村學堂裡，見那闖學堂的書客，就買幾本舊書，逐日把牛拴了，坐在柳樹蔭下看。

5　彈指又過了三、四年，王冕看書，心下也著實明白了。那日正是黃梅時候，天氣煩躁，王冕放牛倦了，在綠草地上坐著。須臾，濃雲密布，一陣大雨過了，那黑雲邊上鑲著白雲，漸漸散去，透出一派日光來，照耀得滿湖通紅。湖邊山上，青一塊，紫一塊，綠一塊；樹枝上都像水洗過一番的，尤其綠得可愛。湖裡有十來枝荷花，苞子上清水滴滴，荷葉上水珠滾來滾去。王冕看了一回，心裡想道：「古人說：『人在畫圖中』，實在不錯；可惜我這裡沒有一個畫工，把這荷花畫他幾枝，也覺有趣。」又心裡想道：「天下那有個學不會的事？我何不自畫他幾枝？」

6　自此聚的錢不買書了，託人向城裡買些胭脂、鉛粉之類，學畫荷花。初時畫得不好；畫到三個月之後，那荷花精神、顏色，無一不像；只多著一張紙，就像是湖裡長的，又像才從湖裡摘下來貼在紙上的。鄉間人見畫得好，也有拿錢來買的。王冕得了錢，買些好東西去孝敬母親。一傳兩，兩傳三，諸暨一縣，都曉得他是一個畫沒骨花卉的名筆，爭著來買。到了十七、八歲，也就不在秦家了，每日畫幾筆畫，讀古人的詩文，漸漸不愁衣食，母親心裡也歡喜。

壹、文本分析

一、概覽全文

　　本文標題為「王冕的少年時代」，藉由標題預測全文的內容，可能是王冕在少年時代所發生的故事。接著概覽全文，發現文章共分為六段，內容大致提到王冕早年喪父，因家貧而少年失學，勤奮打工、孝親、自學畫荷，後來成為沒骨花卉的名筆，與之前的預測差不多。從概覽中也可發現，本文的形式應該屬於記敘文敘事類。

二、切分意義段形成段落大意

　　概覽全文後，可以發現本文的自然段分六段，進行切分意義段時，可按照時間詞（7歲、10歲、13～14歲、17～18歲）分為四段：在第一段，作者先介紹王冕是嶔崎磊落的人與他的家庭背景；第二段講述王冕因家貧而放牛打工，並孝親、勤學的故事；第三段講述偶見雨後湖邊美景，開始自學畫荷；最後王冕勤奮自學成為沒骨花卉的名筆，改善了家境。全文依王冕面對生活困境的解難態度與歷程，來凸顯王冕自少年時代即有正向的人物特質，是一篇記敘文敘事類的文章。

自然段	1	2-4	5	6
意義段	一	二	三	四
	開始	發展	高潮	結束
意義段大意	王冕七歲喪父	王冕因家貧、體貼母親的辛苦，開始打工，後來漸漸有錢買書	王冕透過自學，心中有所領悟，又受湖景之美感動，自學畫荷	王冕後來成為沒骨花卉的名筆，家境也因此獲得改善

三、全文大意

　　文本的大意是借王冕少年時代的家貧與失學遭遇，凸顯王冕的孝親與自學，形塑他優越的人物特質。

四、段落分析

　　教師可以從段落分析中，了解各段落重點，以及可以和學生討論的主題。段落分析可以從以下方式討論：重點整理、生難詞句、寫作技巧。教師可以依教學時間與學生能力來調整教學設計。

段落內容	段落分析
① 　元朝末年，出了一個嶔崎磊落的人。這人姓王名冕，在諸暨縣鄉村裡住。七歲上死了父親，他母親做點針黹供他到村學堂裡去讀書。	1. 重點整理：介紹王冕是嶔崎磊落的人與他的家庭背景。 2. 生難詞句：嶔崎磊落、針黹。
② 　看看三個年頭，王冕已是十歲了，母親喚他到面前來說道：「兒啊！不是我有心要耽誤你，只因你父親亡後，我一個寡婦人家，年歲不好，柴米又貴，這幾件舊衣服和些舊傢伙，當的當了，賣的賣了，只靠我做些針黹生活尋來的錢，如何供得你讀書？如今沒奈何，把你雇在間壁人家放牛，每月可得幾錢銀子，你又有現成飯吃，只在明日就要去了。」王冕道：「娘說的是。我在學堂坐著，心裡也悶，不如往他家放牛，倒快活些。假如要讀書，依舊可以帶幾本書去讀。」	1. 重點整理：因家貧，王冕體貼母親，願意輟學去打工。 2. 生難詞句： (1)難詞：舊「傢伙」、針黹、間壁。 (2)難句： 　①只靠我做些針黹生活尋來的錢，如何供得你讀書？ 　②我在學堂坐著，心裡也悶，不如往他家放牛，倒快活些。 3. 說話技巧： (1)母親：母親喚他到面前來說道：「兒啊！……只在明日就要去了。」層次分明，充滿母愛與無奈。 (2)王冕：「娘說的是。……依舊可以帶幾本書去讀。」表現兒子的體貼與對自學讀書的自信。

段落內容	段落分析
③　當夜商議定了，第二日，母親同他到間壁秦老家。秦老留著他母子兩個吃了早飯，牽出一條水牛來交與王冕，指著門外道：「就在我這大門過去兩箭之地，便是七泖湖，湖邊一帶綠草，各家的牛，都在那裡打睡。又有幾十棵合抱的垂楊樹，十分陰涼。牛要渴了，就在湖邊飲水。小哥！你只在這一帶玩耍，不可遠去。我老漢每日兩餐小菜飯是不少的，每日早上還折兩個錢與你買點心吃；只是百事勤謹些，休嫌怠慢。」他母親謝了擾，要回家去。王冕送出門來，母親替他理理衣服，口裡說道：「你在此須要小心，休惹人說不是；早出晚歸，免我懸念。」王冕應諾，母親含著兩眼眼淚去了。	1. 重點整理：秦老的叮嚀、善待王冕與母親的不捨。 　(1)秦老交代王冕工作時的守則。 　(2)母親的動作與言語表達不捨王冕年紀尚小就需打工。 2. 生難詞句： 　(1)難詞：兩箭之地、小菜飯、「折」兩個錢、休嫌怠慢、謝了擾、懸念、應諾。 　(2)難句：無。 3. 人物形象描寫： 　(1)言語： 　　①秦老：「就在我這大門過去兩箭之地，……休嫌怠慢。」交代工作地點、環境、內容、禁忌、待遇與提醒，顯示秦老先指點如何工作但不苛待王冕。 　　②母親：「你在此須要小心，休惹人說不是；早出晚歸，免我懸念。」母親希望王冕打工勤奮，早去晚回，免招人嫌棄；要求自己兒子工作認真，是會自我要求、有教養的人。 　(2)動作： 　　①他母親謝了擾，要回家去：顯示母親是有禮貌、有教養的人。 　　②王冕送出門來，母親替他理理衣服／母親含著兩眼眼淚去了：都是借小動作表現母愛與不捨。
④　王冕自此在秦家放牛，每到黃昏，回家跟著母親歇宿。或遇秦家煮些醃魚、臘肉給他吃，他便拿塊荷葉包了，回家孝敬母親。每日點心錢也不用掉，聚到一兩個月，便偷個空走到村學堂裡，見那闖學堂的書客，就買幾本舊書，逐日把牛拴了，坐在柳樹蔭下看。	1. 重點整理：王冕孝親與勤學的具體表現。 　(1)規律地工作，準時回家，有美食便拿回家分享母親。 　(2)省下點心錢買書，找工作餘暇讀書。 2. 生難詞句： 　(1)難詞：「闖」學堂、書客。 　(2)難句：無。

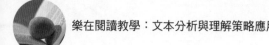

段落內容	段落分析
	3. 人物形象描寫：行動 (1) 自此在秦家放牛，每到黃昏，回家跟著母親歇宿：作息正常，免去母親擔心→孝親。 (2) 遇秦家煮些醃魚、臘肉給他吃，他便拿塊荷葉包了，回家孝敬母親：有美食分享母親→孝親。 (3) 買幾本舊書，逐日把牛拴了，坐在柳樹蔭下看→勤學。
5　彈指又過了三、四年，王冕看書，心下也著實明白了。那日正是黃梅時候，天氣煩躁，王冕放牛倦了，在綠草地上坐著。須臾，濃雲密布，一陣大雨過了，那黑雲邊上鑲著白雲，漸漸散去，透出一派日光來，照耀得滿湖通紅。湖邊山上，青一塊，紫一塊，綠一塊；樹枝上都像水洗過一番的，尤其綠得可愛。湖裡有十來枝荷花，苞子上清水滴滴，荷葉上水珠滾來滾去。王冕看了一回，心裡想道：「古人說：『人在畫圖中』，實在不錯；可惜我這裡沒有一個畫工，把這荷花畫他幾枝，也覺有趣。」又心裡想道：「天下那有個學不會的事？我何不自畫他幾枝？」	1. 重點整理：偶見雨後美景，興起學畫念頭。 (1) 雨後美景讓王冕讚嘆。 (2) 嚮往能畫出此美景的畫工，且自信肯學必能畫成。 2. 生難詞句： (1) 難詞：彈指、須臾、一「派」日光。 (2) 難句：天下那有個學不會的事？ 3. 寫作技巧： (1) 寫景方式：白描，由上而下、由遠而近，以特寫、顏色、光影描摹的寫景手法。 (2) 反詰：天下那有個學不會的事？ 4. 人物形象描寫：言語 「天下那有個學不會的事？」：王冕是有自信的人。
6　自此聚的錢不買書了，託人向城裡買些胭脂、鉛粉之類，學畫荷花。初時畫得不好；畫到三個月之後，那荷花精神、顏色，無一不像；只多著一張紙，就像是湖裡長的，又像才從湖裡摘下來貼在紙上的。鄉間人見畫得好，也有拿錢來買的。王冕得了錢，買些好東西去孝敬母親。一傳兩，兩傳三，諸暨一縣，都曉得他是一個畫沒骨花卉的名筆，爭著來買。到了十七、八歲，也就不在秦家了，每日畫幾筆畫，讀古人的詩文，漸漸不愁衣食，母親心裡也歡喜。	1. 重點整理：努力自學，終成沒骨花卉名家，得以改善家境。 (1) 努力學畫的具體表現：初時畫不好，持續三個月畫出栩栩如生的荷花。 (2) 鄉里人購畫使家境改善。 (3) 名聲遠播，以畫畫、讀古人詩文，與母親歡喜過日。 2. 生難詞句：胭脂、鉛粉、沒骨花卉。 3. 寫作技巧：王冕畫荷成就的描寫三層次（直接、譬喻描寫、他人評價）。 4. 人物形象描寫：行動 每日畫幾筆畫，讀古人的詩文：王冕是不求功名、恬淡的人。

五、課文結構

　　從文本結構的分析，可以協助教師與學生對文本產生一個統整的圖像，看出作者介紹少年王冕的選材與舖陳。從文本可以看出，一開始作者定位王冕是嶔崎磊落的人，再說明他的身家背景。接著依照王冕的成長，逐步描述他碰到家貧失學、外出放牛打工、孝親自學的具體表現。然後借著雨後美景觸動王冕學畫的心念，終因自信與自學，成為沒骨花卉名筆，改善家境。全文依時間順序循著故事體的「開始—發展—高潮—結束」，形成一篇結構完整的記敘文。教師亦可以依此帶領學生找找看哪一篇文章有像這樣的結構，或是仿寫一篇類似結構的文章。

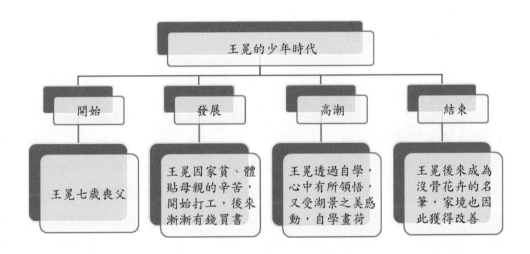

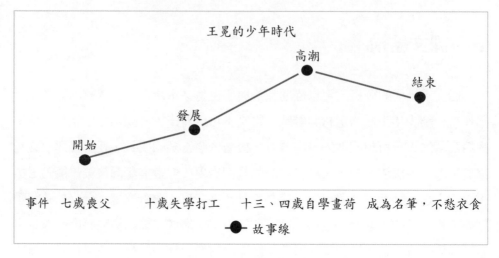

本文故事線圖

六、全文深究分析

（一）寫作手法（文本表述）

1.記敘文本的表述手法

在 108 新課綱中，國語文領綱的學習內容——文本表述—記敘文本提及：「記敘文是以人、事、時、地、物為敘寫對象的文本」，學習內容是「Ba-IV-1 順敘、倒敘、插敘與補敘法」以及「Ba-IV-2 各種描寫的作用及呈現的效果」。本文作者依照時間順序介紹王冕少年時代的經歷，是順敘寫法，且依情節四階段（開始—發展—高潮—結束）推展故事，值得學生學習。

2.運用事件、對話與行動，以凸顯人物特質

事件方面，例如：王冕幼年喪父、家貧、失學、不會畫畫等困境，他以放牛賺錢、偷空讀書、自學畫畫來解決生活中的難題，顯現他解決困境的積極正向態度。

言語方面，例如：

(1)母親與王冕商量輟學去放牛的委婉與無奈。

用意	委婉與王冕商量輟學打工，希望王冕能接受。		
原文	不是我有心要耽誤你，只因你父親亡後，我一個寡婦人家，年歲不好，柴米又貴。	這幾件舊衣服和些舊傢伙，當的當了，賣的賣了，只靠我做些針黹生活尋來的錢，如何供得你讀書？	如今沒奈何，把你雇在間壁人家放牛，每月可得幾錢銀子，你又有現成飯吃，只在明日就要去了。
層次	困境：家境不佳又逢物價高昂，生活不易。	努力過程：盡力設法、努力工作，仍抵擋不了生活壓力。	打工的好處：省下學費、有免費餐、有收入。
語氣	自責、無奈。	無奈。	安慰。

(2)王冕是好學的人，在學堂學習不可能會悶，但仍說：「娘說的是。我在學堂坐著，心裡也悶，不如往他家放牛，倒快活些。」這是不想因自己失學讓母親自責、難過的說法，顯示出他能體貼親心。再加上「假如要讀書，依舊可以帶幾本書去讀」，也顯示出王冕對自學讀書擁有自信。

(3)秦老交代王冕工作要求後，接著說：「我老漢每日兩餐小菜飯是不少的，每日早上還折兩個錢與你買點心吃；只是百事勤謹些，休嫌怠慢。」秦老能事先提點工作上須注意的事，除了應許的飯菜之外，還給點心錢，顯示出秦老善待王冕的慈祥厚道。

(4)王冕見雨後美景時，心裡想道：「古人說：『人在畫圖中』，實在不錯；可惜我這裡沒有一個畫工，把這荷花畫他幾枝，也覺有趣。」又心裡想道：「天下那有個學不會的事？我何不自畫他幾枝？」內心獨白也列入「言語」的寫作技巧。所以由這段話可顯示出王冕由遺憾「無畫工」到興起「自己也可以自學畫成」的自信。

行動方面，例如：母親從秦老家出來時向秦老「謝了擾」，顯示出母親的教養；離開王冕時替他理理衣服，含著兩眼眼淚離去，借小動作表達不言而喻的母愛；碰到秦老給些醃魚、臘肉，王冕並不獨享，拿荷葉包了帶回家與母親分享，是孝親的具體行動。

綜合來說，本文透過事件、對話、行動來呈現人物特質，統整列表如下。

人物	王冕			王冕母親		秦老
人物特質	孝順	勤奮好學	自信	慈愛	有教養	慈祥厚道
文本證據	1.體恤家貧，善解母意：娘說的是。我在學堂坐著，心裡也悶，不如往他家放牛，倒快活些。假如要讀書，依舊可以帶幾本書去讀。 2.秦家煮些醃魚、臘肉給他吃，他便拿塊荷葉包了，回家孝敬母親。 3.得了錢，買些好東西去孝敬母親。 4.漸漸不愁衣食，母親心裡也歡喜。	1.如果要讀書，可以帶幾本書去讀。 2.每日點心錢也不用掉，聚到一兩個月，便偷個空走到村學堂裡，見那闖學堂的書客，就買幾本舊書，逐日把牛拴了，坐在柳樹蔭下看。 3.王冕看書，心下也著實明白了 4.天下哪有個學不會的事？ 5.初時畫得不好；畫到三個月之後，那荷花精神、顏色，無一不像；只多著一張紙，就像是湖裡長的，又像才從湖裡摘下來貼在紙上的。	1.天下哪有個學不會的事？我何不自畫他幾枝？	1.母親替他理理衣服，口裡說道：「你在此須要小心，休惹人說不是；早出晚歸，免我懸念。」	1.離開前向秦老謝了擾。 2.叮嚀王冕認真工作、按時回家。	1.我老漢每日兩餐小菜飯是不少的，每日早上還折兩個錢與你買點心吃；只是百事勤謹些，休嫌怠慢。 2.秦家煮些醃魚、臘肉給他吃。

人物	王冕			王冕母親		秦老
人物特質	孝順	勤奮好學	自信	慈愛	有教養	慈祥厚道
文本證據		6.每日畫幾筆畫，讀古人的詩文。				

3.作者以繁筆寫景手法，使雨後湖邊景色成為視覺焦點

以段落篇幅而言，第五段是繁筆手法，以白描手法〔白描是指不加雕飾、不用典故，對於一件東西，用文字仔細描繪。《中小學生必讀的溫暖故事》—修辭小學堂—白描法（吳淑芳、吳惠花、忻詩婷著，聯經出版社）〕來寫王冕眼中的雨後美景。美景是促使王冕興起自學繪畫的念頭原因，而藉著王冕怎麼看美景，可推知他是否具備畫家的特質？作者透過順序、遠近與顏色光影，讓讀者能贊同此景確實美如畫圖，也顯現王冕具有繪畫潛能，進而能理解何以王冕經三個月的自學，就能將荷花畫得栩栩如生。

原文	那日正是黃梅時候，天氣煩躁，王冕放牛倦了，在綠草地上坐著。須臾，濃雲密布，一陣大雨過了，那黑雲邊上鑲著白雲，漸漸散去，透出一派日光來，照耀得滿湖通紅。	湖邊山上，青一塊，紫一塊，綠一塊；樹枝上都像水洗過一番的，尤其綠得可愛。湖裡有十來枝荷花，苞子上清水滴滴，荷葉上水珠滾來滾去。			
主題	大雨前後天氣與景色的變化	雨後美景的寫景技巧			
項目	順序	遠	中	近	特寫
	天氣煩躁→濃雲密布→大雨→天青→透出日光→滿湖通紅	山上青紫綠，色彩豐富	樹綠得可愛	荷花	水珠滾動
效果	描寫大雨順序和雨後天青，以及陽光初灑落先現紅光，貼近生活經驗。	1.寫景層次分明：遠景呈現明暗色彩豐富；中景綠樹經雨洗在陽光下更加鮮亮；近處雖未細寫荷花，但可由花苞和荷葉上的水珠，襯顯荷花的嬌嫩。 2.王冕眼中能掌握景色遠近與色彩、光影與動靜，確實有繪畫的天分。			

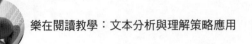

4.作者對王冕畫荷成就的描寫有層次，統整如下

原文	畫到三個月之後，那荷花精神、顏色，無一不像。	只多著一張紙，就像是湖裡長的，又像才從湖裡摘下來貼在紙上的。	鄉間人見畫得好，也有拿錢來買的。
層次	直接描寫	運用譬喻	他人評價
		間接描寫	
主題	王冕繪畫功力極為精湛		

5.尋找例子驗證

在生活、閱讀經驗中，有哪些相似的人物實例？以國中生而言，可試著從家庭生活、親人相處與學習上尋找例子，也可以從社會時事與閱讀中尋找人物例子以驗證。

6.文章設計

本文是古典小說，如果在現代，若要寫一篇這樣凸顯人物特質的文章，你要如何設計？會舉哪些例子說明？可以小組討論。

（二）作者意圖

1.塑造王冕為孝親、自學、不熱中功名的讀書人。

2.透過王冕這位科舉時代的正向人物，來對比當時社會上眾多熱中功名、貪求富貴的讀書人。

3.文本只呈現王冕少年時代的正向作為，無法清楚表達作者的意圖，需要閱讀全書或尋找書中典型熱中功名的人物作對比，較能讓讀者推論出作者意圖。

（三）提出看法或問題

1.本文以「嶔崎磊落」作王冕的人物總評，但是文中提及他的少年經歷，並無法直接吻合「嶔崎磊落」的特質，開頭出現這樣的人物評價適合嗎？

2.《儒林外史》是一部「諷刺小說」，本文卻介紹王冕這位正向人物，如果想讓讀者體會《儒林外史》的諷刺特性，可以怎麼做？

3.王冕如果沒有自學畫沒骨花卉，後來的人生會有哪些不同？

4.是否熱中功名的人就不是正向人物？

5.處在現代，當家境不允許繼續求學時，有哪些可以選擇的解難方法？請評估這些方法的優劣？

6.處在現代，孝順父母的方式跟王冕有何異同？

7.透過本文，請思考要評估一個人的人品優劣，有哪些值得我們注意的要點？請舉生活中的實例說明。

8.我們在生活中遇到的人，有哪些類似厚道的秦老？有哪些不是？請說說自己的經驗，並提出與之相處的較佳模式。（可小組討論、相互分享）

（四）課外經驗比較

1.本文與學過的胡適〈差不多先生傳〉、歐陽修〈賣油翁〉的記敘手法相似。

2.與其他國小的記事類文本記敘手法相似，例如：國小〈喜樂阿媽〉（100學年度南一五上第十一課）、〈麵包裡的銀幣〉（南一四下第八課）。

3.其他延伸閱讀文本，例如：王溢嘉《青春第二課》講人物故事、吳寶春和劉永毅《柔軟成就不平凡》講吳寶春的故事等。

4.生活中的相關事例，可以請學生搜尋媒體新聞報導，課堂分享討論。

5.《老殘遊記‧黃河結冰記》的寫景手法與本文第五段相似。

貳、教學設計

一、分析學習困難

1.如何找出事件的高潮。

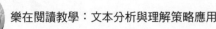

2.如何從對話與動作的細節中，推論人物特質。

3.如何進行詰問作者，分析作者意圖。

二、選擇教學策略

學習困難	閱讀策略選擇
1.如何找出事件的高潮	用文章結構寫大意
2.如何從對話與動作的細節中，推論人物特質	由文本找支持的理由推論人物特質
3.如何進行詰問作者，分析作者意圖	採用連結課外知識做比較，分析作者寫作意圖

（一）如何找出事件的高潮

1.如何切分自然段合成意義段？本文可用時間、事件來分，用時間更容易歸納。

2.事件的高潮在哪裡？如何找？搭建學習鷹架，可引導學生找出文句描寫最多、最詳細、最精彩或主角解決困境的關鍵事件，此即是文章高潮所在。

（二）如何從對話與動作的細節中，推論人物特質

1.從對話與動作的細節中，推論人物特質。

2.搭建學習鷹架：透過提問、教師示範以及分組合作學習，逐步引導學生討論出角色的人物特質，並找出支持的文句，再適度修正，最後歸納出正確推論。

3.部分與人物相關的句子只是交代背景或推演情節，無法推論人物特質。

（三）如何進行詰問作者，分析作者意圖

1.延伸閱讀同一作者吳敬梓〈范進中舉〉一文（如附錄），並檢索王冕、范進的異同。

2.教師可依四大方向「處理經濟壓力、困境解決、對待親人、社會對待」進行提問，讓學生有所依循，避免學生的比較失焦。

3.透過提問、教師示範以及分組合作學習，完成兩人的比較表。

三、決定教學重點

1.學習從篇章結構完成事件摘要，透過故事線圖的引導，理解事件脈絡。

2.學習從事件、對話與動作中，理解人物特質。

3.透過詰問作者策略，理解作者的寫作技巧與目的。

說明：

1.從文本特徵而言：本文屬記敘文記事類，文本結構可分為開始—發展—高潮—結束，是典型的記敘文，因此可由文本結構摘要出大意，並學習完成故事線圖——對於記敘文的閱讀教學，可列為重點之一。

2.從文本寫作手法而言：透過在事件、言語和行動的統整分析，有助於學生掌握推論人物特質的方法，並且能夠學習正向生活態度、好的對話技巧，以及適當的人際相處行為，故列為教學重點。

3.從文本內容而言：本文選自《儒林外史》一書，是諷刺讀書人熱中功名的古典小說，但王冕是嶔崎磊落的人物，不符合本書要諷刺的典型讀書人。究竟作者為何要在篇首塑造人格高尚的王冕？這是值得探究的問題。透過詰問作者，讓學生理解作者的寫作目的，是需要被列為教學重點。

四、擬訂各節次教學重點規劃

節次	教學重點
一	事件摘要與情節脈絡梳理
二	推論人物形象、找支持的理由
三	詰問作者寫作目的（作者意圖）

五、教學策略設計

（一）教學目標

運用詰問作者策略推論寫作技巧，以分析作者的寫作目的。

（二）學生經驗分析

1.知識經驗：曾學過自我提問策略（例如：翰林版國中國文第一冊第十課〈孩子的鐘塔〉）。

2.策略經驗：能進行課文文意的理解監控、曾學過刪除／歸納／主題句之摘要策略。

（三）設計理念

《儒林外史》一書的內容主要是描寫讀書人熱中功名負面的醜態，但卻在一開始介紹王冕這個正向人物。作者為何要將王冕這個人物置於篇首？為讓同學掌握作者的用意，教學上以〈范進中舉〉一文讓學生了解《儒林外史》一書所描述讀書人追求功名的醜態，再採「詰問作者」策略，針對書中王冕、范進做比較，讓學生學習分析作者是藉王冕這位可敬的人物來對照、諷刺其他汲汲於科舉功名的讀書人。

（四）策略步驟

連結課外知識（檢索） ➡ 整理比較課內外知識的異同 ➡ 完成人物比較評價表 ➡ 詰問作者意圖

參、教學實施

教學活動規劃（以第三節為例）

（一）暖身活動

明示目標與活動：

1.學習目標：藉王冕與范進的對比，推論作者的寫作技巧、寫作態度與目的。

2.課堂活動：詰問作者與完成人物比較表。

（二）發展活動

1.了解《儒林外史》中讀書人熱中科舉的樣貌

(1)理解監控：檢視〈范進中舉〉一文中不懂的字詞文句，請學生運用前後文預測文意，教師只針對大部分學生都圈選的文句稍做解釋。

(2)進行閱讀後理解提問：教師針對文本內容提問，學生搶答，回答正確的小組得分。

提問重點著重在：

・范進的家庭背景？（身家背景）

・范進如何謀生？（經濟能力、謀生能力）

・范進遇到什麼困難？如何解決？（困難解決）

・范進對待家人的態度如何？（對待家人）

・胡屠戶在范進中舉前如何對待范進？（社會對待）

2.比較人物異同

(1)請各組從上述四面向，來介紹王冕這個人，並填入人物比較異同表。

(2)教師示範：王冕的困境有「喪父家貧」、「失學」、「不會畫畫」，他分別用「放牛養家」、「找書自學」、「自力學畫」來解決。范進的困境是「家貧」、「沒錢赴考」，他卻「不事生產」，只知「向岳父借錢」。所以兩人比較起來，王冕的表現優於范進。我們可以在人物比較表上像下格這樣填寫。

項目	相同	相異			
		困境	解決方法		
王冕		1 喪父家貧 2 失學 3 不會畫畫	1 放牛養家 2 找書自學 3 自力學畫		
范進		1 家貧 2 沒錢赴考	1 不事生產 2 向岳父借錢		
對兩人評價		王冕優於范進			
理由		王冕失學仍能自力求學；范進54歲了仍只想借錢考科舉			

(3)分組實作人物比較表。

3.評價人物

(1)分組說出對兩人的評價並說明理由。

　‧提問一：兩人出身背景相同，同學給予評價有高低，請同學找出關鍵原因？

　　生：原因在兩人待人（親人）處事（困境解決）的態度不同，人品因此分出高低。

(2)各組修正並完成「人物比較表」。

4.詰問作者

- 提問一：根據人物比較表，可看出作者使用何種寫作技巧？

  生：對比。

- 提問二：從人物比較表「對兩人的評價」，可看出作者對兩人的看法如何？

  生：作者認為王冕優於范進。

- 提問三：綜合上述，請分析作者把王冕放在《儒林外史》篇首的寫作目的？

  生：藉王冕家貧仍自學、孝親來對比書中像范進一樣熱中功名而忽略人品的讀書人，來彰顯作者寫這本書的用意。

- 提問四：為什麼作者在篇首用嶔崎磊落形容王冕？（可略）

  師：欲知詳情，請待下回分解。（後面的情節才有呈現，藉此鼓勵學生主動閱讀《儒林外史》一書）

（三）綜合活動

1.教學重點複習

  (1)教師提問設計

- 提問一：這節課你學到什麼？

  生：詰問作者。

- 提問二：可以從哪些面向來詰問作者？

  生：寫作技巧、寫作目的。

- 提問三：如果讓你選擇評論人物，你會從哪些方面來觀察與判斷？

  生：自由回答。

2.教學提醒

  本節學生的學習難處：

(1)學生可能只找出細節比較兩人的差異。

(2)如何將兩人的比較填表。

學習鷹架：

(1)老師可提示依四大方向（處理經濟壓力、困境解決、對待親人、社會對待）進行差異比較，讓學生有所依循。

(2)教師先示範兩人「困境」與「解決方法」的區別，並填入表格中。另外，比較表本來就可能產生各種不同的切分畫法，課程評量的填答方式僅供參考。

肆、教學評量

一、評量目標

能清楚正確完成人物比較表。

二、評量活動

完成人物比較表。

人物比較表填答參考

項目	相同	相異			
	出身背景	經濟能力	困境解決	對待親人	社會對待
王冕	科舉取士、家貧	放牛養家	自學 讀古人詩文 自力學畫 17 歲著實明白	孝親	受秦老照顧 因畫受鄉人重視
范進	科舉取士、家貧	不事生產	54 歲繼續向人借錢考試	任由妻母挨餓	岳父輕視
對兩人評價	相等	王冕優於范進	王冕優於范進	王冕勝出	王冕勝出
理由	控制變因相同，方便作比較	王冕能面對現實去工作；范進不工作	王冕失學仍能自學；范進 54 歲了仍只想借錢考科舉	王冕能照顧親人；范進任由妻母挨餓	王冕能得人敬重；范進受人輕視

附錄 〈范進中舉〉（精簡版）

前情提要：

范進家住著一間草屋，一廈披子【1】，門外是個茅草棚。正屋是母親住著，妻子住在披房裏。他妻子乃是集上胡屠戶的女兒。他從二十歲開始應考，到了五十四歲時總算考上秀才了！……

1　因是鄉試年，范進沒有盤費【2】，走去同丈人商議，被胡屠戶一口啐在臉上，罵了一個狗血噴頭道：「不要失了你的時了！你自己只覺得中了一個相公【3】，就『癩蝦蟆想喫起天鵝肉』來！我聽見人說，就是中相公時，也不是你的文章，還是宗師【4】看見你老，不過意，捨與你的。如今癲心就想中起老爺來！這些中老爺的都是天上的『文曲星』！你不看見城裡張府上那些老爺，都有萬貫傢俬，一個個方面大耳。像你這尖嘴猴腮，也該撒泡尿自己照照！趁早收了這心，明年在我們行事裡替你尋一個館【5】，每年尋幾兩銀子，養活你那老不死的老娘和你老婆是正經！你問我借盤纏，我一天殺一個豬還賺不得錢把銀子，都把與你去丟在水裏，叫我一家老小嗑西北風！」范進唯唯諾諾辭了丈人回來，自心裏想：「宗師說我火候已到，自古無場外的舉人，如不進去考他一考，如何甘心？」因向幾個同案商議，瞞著丈人，到城裏鄉試。出了場，即便回家。家裏已是餓了兩三天。被胡屠戶知道，又罵了一頓。

2　到出榜那日，家裡沒有早飯米，母親吩咐范進道：「我有一隻生蛋的母雞，你快拿集上去賣了，買幾升米來煮餐粥喫。我已是餓的兩眼都看不見了！」范進慌忙抱了雞，走出門去。纔去不久，只聽得一片聲的鑼響，三匹馬闖將來。那三個人下了馬，一片聲叫道：「快請范老爺出來，恭喜高中了。」二報、三報擠了一屋的人，茅草棚地下都坐滿了。鄰居都來了，擠著看。老太太沒奈何，只得央及一個鄰居去尋他兒子。

3　鄰居飛奔到集上，道：「范相公，快些回去。你恭喜中了舉人，報喜人擠了一屋裏。」范進道是哄他，只裝不聽見，低著頭，往前走。鄰居見他不信，劈手

把雞奪了，摜在地下，一把拉了回來。報錄人見了道：「好了，新貴人回來了！」正要擁著他說話。范進三兩步走進屋裏來，見中間報帖已經升掛起來，上寫道：「捷報貴府老爺范諱進高中廣東鄉試第七名亞元。京報連登黃甲【6】。」

④　范進不看便罷，看了一遍，又唸一遍，自己把兩手拍了一下，笑了一聲道：「噫！好了！我中了！」說著，往後一交跌倒，牙關咬緊，不省人事。老太太慌了，慌將幾口開水灌了過來。他爬將起來，又拍著手大笑道：「噫！好！我中了！」笑著，不由分說，就往門外飛跑，把報錄人和鄰居都嚇了一跳。走出大門不多路，一腳端在塘裏，掙起來，頭髮都跌散了，兩手黃泥，淋淋漓漓一身的水，眾人拉他不住。拍著笑著，一直走到集上去了。眾人大眼望小眼，一齊道：「原來新貴人歡喜瘋了。」

註 1.披子：正屋旁依牆所搭的小屋。「一廈披子」是說「一間依正屋牆搭的小屋」。

　　2.盤費：也稱「盤纏」，指「旅費」。

　　3.相公：此指秀才。古代科舉之路，是童生—秀才—舉人—進士—翰林。范進再赴鄉試，考取便是舉人。

　　4.宗師：指主考官。

　　5.尋一個館：指開館教孩子課業，當私塾老師。

　　6.黃甲：科舉甲科進士及第的名冊以黃紙書寫，稱為「黃甲」，此指「榜單」。

後話：

　　胡屠戶一巴掌打醒范進，還主動出錢給范進打賞報錄的，並從此改口稱讚范進是「才學又高，品貌又好」的好女婿。

　　張鄉紳主動拜會范進，以五十兩白銀祝賀范進高中，還送三進空房給范進換新家。

　　自此以後，有許多人來奉承他：有送田產的；有人送店房的；還有那些破落戶，兩口子來投身為僕，圖蔭庇的。到兩三個月，范進家奴僕、丫鬟都有了，錢、米是不消說了。

　　搬新家時范府老太太見細磁碗盞和銀鑲的杯盤等傢伙什物都是自己的，不覺歡喜，痰迷心竅，昏絕於地，挨到黃昏時分，歸天去了。

資料來源：《儒林外史》（清‧吳敬梓）

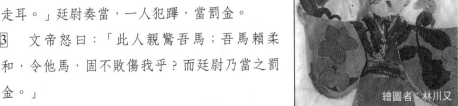

第十二章

從文本分析到教學評量：
〈張釋之執法〉

王秀梗[1]、吳淑珍[2]、謝謹如[3]

〈張釋之執法〉　　　　　　　　　　　　　　　　　司馬遷

1　釋之為廷尉。上行出中渭橋，有一人從橋下走出，乘輿馬驚。於是使騎捕，屬之廷尉。

2　釋之治問。曰：「縣人來，聞蹕，匿橋下。久之，以為行已過，即出，見乘輿車騎即走耳。」廷尉奏當，一人犯蹕，當罰金。

3　文帝怒曰：「此人親驚吾馬；吾馬賴柔和，令他馬，固不敗傷我乎？而廷尉乃當之罰金。」

4　釋之曰：「法者，天子所與天下公共也。今法如此而更重之，是法不信於民也。且方其時，上使立誅之則已。今既下廷尉，廷尉，天下之平也，一傾而天下用法皆為輕重，民安所措其手足？唯陛下察之。」良久，上曰：「廷尉當是也。」

繪圖者：林川又

1　臺南市立復興國民中學國文科教師（退休）。
2　臺南市立安順國民中學國文科教師。
3　高雄市立三民國民中學國文科教師。

壹、文本分析

一、概覽全文

　　閱讀時可先看標題，預測文章可能會寫些什麼，接著進行全文概覽，分出自然段，並試著理解全文大致在說些什麼、與原來預測有何不同、大概屬於哪一種文類……。

　　本文標題為「張釋之執法」，藉由標題預測全文的內容可能是敘述張釋之執法這件事。接著概覽全文，發現文章共分為四段，內容大致在說張釋之處理縣人驚嚇到皇帝馬車的判決以及據理以爭的經過，與之前的預測差不多。從概覽中也可發現，本文的形式應該屬於敘述的表述方式。

二、切分意義段形成段落大意

　　概覽全文後，可以發現本文的段落層次分明，進行切分意義段時，只要按照自然段即可：第一段敘述縣人驚嚇到皇帝馬車，皇帝將縣人交與廷尉張釋之審判；第二段張釋之審問犯人與判決的裁定；第三段是皇帝對於廷尉的判決並不滿意；第四段是張釋之據理力爭，最後說服文帝，使他接受了廷尉的判決。

自然段	1	2	3	4
意義段	一	二	三	四
	犯蹕判決前的背景	廷尉審問與判決	文帝不滿判決	文帝認同判決
意義段大意	文帝出巡，縣人犯蹕後，交與廷尉	廷尉審問，依法判決罰金	文帝不滿判決	廷尉據理力爭，文帝接受廷尉的判決

三、全文大意

　　文本的大意是敘述縣人犯蹕後，因為廷尉只判犯蹕的縣人罰金，所以受驚嚇的皇帝不滿；後來廷尉依法說之以理，終於取得皇帝認同。

　　文本的主旨則是彰顯張釋之執法公正、不畏權勢的精神。

四、段落分析

　　教師可以從段落分析中，了解各段落重點，以及可以和學生討論的主題。段落分析可以從以下方式討論：重點整理、生難詞句、寫作技巧。教師可以依教學時間與學生能力來調整教學設計。

課文段落	內容分析
① 釋之為廷尉。上行出中渭橋，有一人從橋下走出，乘輿馬驚。於是使騎捕，屬之廷尉。	1.重點整理：皇帝交付縣人給廷尉。 2.生難詞句：走、使騎捕、屬之廷尉。 3.寫作技巧：主語省略。
② 釋之治問。曰：「縣人來，聞蹕，匿橋下。久之，以為行已過，即出，見乘輿車騎即走耳。」廷尉奏當，一人犯蹕，當罰金。	1.重點整理：張釋之審問與判決。 2.生難詞句：奏當、當罰金、治問、即走耳。 3.寫作技巧： (1)短句：廷尉掌握縣人無辜的關鍵證據（線索的推論）。 (2)主語省略。
③ 文帝怒曰：「此人親驚吾馬；吾馬賴柔和，令他馬，固不敗傷我乎？而廷尉乃當之罰金。」	1.重點整理：文帝不滿判決。 2.生難詞句：令他馬，固不敗傷我乎？而廷尉乃當之罰金。 3.寫作技巧：固不敗傷我乎？反問句──強調。
④ 釋之曰：「法者，天子所與天下公共也。今法如此而更重之，是法不信於民也。且方其時，上使立誅之則已。今既下廷尉，廷尉，天下之平也，一傾而天下用法皆為輕重，民安所措其手足？唯陛下察之。」良久，上曰：「廷尉當是也。」	1.重點整理：廷尉據理力爭，文帝認同判決。 2.生難詞句：是法不信於民、法者，天子所與天下公共也、一傾而天下用法皆為輕重、民安所措其手足、察之、廷尉當是也。 3.寫作技巧：以反問句、祈使句作結（加強效果）。

五、課文結構

　　從文本結構的分析，可以協助教師與學生對文本產生一個統整的圖像，看出作者對文本的鋪陳架構，以及用了哪些細節烘托、描述。從〈張釋之執法〉文本中，可以看出是在敘述張釋之執法的經過，因此文本以時間軸的順敘法發展，先交代犯蹕事件的過程，接著記敘廷尉張釋之審理此案的判決，事件高潮是在皇帝知道判決後的不滿，衝突與解決則安排在張釋之不疾不徐、有條有理的說明，以致文帝接受如此判決的結果。結構圖可採故事線圖，也可以是事件因果圖表。教師亦可以依此帶領學生找找看哪一篇文章有像這樣的結構，或是仿寫一篇類似結構的文章。

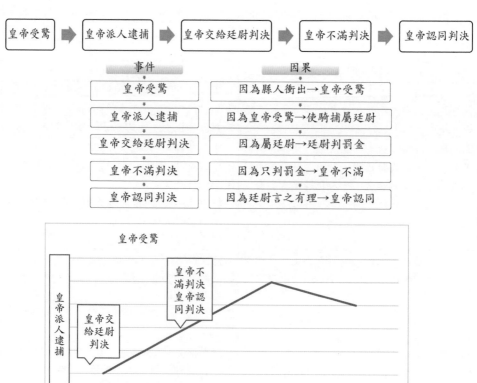

六、全文深究分析

（一）寫作手法（文本表述）

藉事寫人（從言語看性格）。

（二）作者意圖

藉犯蹕判決的敘述來談論君（皇）權與法（人）權。

（三）提出看法或問題

1.如果要將本文改編為話劇演出，有關演員的對話、神色態度、語氣等，要特別注意哪些重點？

2.作者特別提供犯人供詞：「縣人來，聞蹕，匿橋下。久之，以為行已過，即出，見乘輿車騎即走耳。」其寫作意圖何在？

3.張釋之在皇帝面前為什麼敢用激將法：「且方其時，上使立誅之則已。」難道不怕激怒皇帝？

4.從文中「且方其時，上使立誅之則已」，可知當時皇帝有權利可以誅殺犯人，為何文帝還要將犯人交給廷尉張釋之審判？

5.針對本文的主題之一「學習如何表達立場」，學到了什麼？如何應用於生活？

6.對於同一件事，每個人可能因為立場、角度、身家背景的不同，而有不同的看法；當看法不同時，要如何自處？如何與人溝通、共處？

7.我們生活周遭有哪些正例、反例可以印證文章主題之一「學習如何表達立場」？

（四）課外經驗比較

1.與學過的陶淵明〈五柳先生傳〉、胡適〈差不多先生傳〉中的五柳先生、差不多先生做人物的比較。

2.本文與學過的陶淵明〈五柳先生傳〉兩者的寫作手法比較。

3.其他國中、小的文本舉例，例如：國小從中年級起就有許多的傳記文章，可比較彼此的異同。

4.生活中的相關事例，可以舉例討論。

5.依照張釋之的理想與處事原則，在今日的哪個行政部門服務最能造福百姓。

貳、教學設計

一、分析學習困難

1.如何理解言語對話中的深層意涵。

2.如何從言語對話中，推論不同人物的觀點。

3.作者為何提供不同觀點的寫作目的或意圖。

二、選擇教學策略

學習困難	閱讀策略選擇
1. 理解言語對話中的深層意涵	詞彙解碼，提問設計
2. 推論觀點，找支持的理由	推論——找支持的理由
3. 分析不同觀點，以詰問作者的意圖	自我提問——詰問作者意圖

（一）理解言語對話中的深層意涵

1.可採「析字、形音連結、部件辨識、組字規則、由文推詞義」等方式詮釋生難語詞。

2.難句的處理除了可採「圈補主詞、還原省略、替換語詞」外，也可採由上下語境推論或其他設計。

3.提問設計，設計「廷尉來說理」學習單，以探討張釋之言語對話中的深層意涵。

（二）推論觀點，找支持的理由

練習從文本中尋找人物對該事件的說法、語氣（或採取的作法），做為支持的理由，接著整理歸納出他的觀點。

（三）分析不同觀點，以詰問作者的意圖

推論出同一事件不同人物立場的不同觀點後，可設計提問，引導思考作者提供不同觀點的寫作意圖。

三、決定教學重點

1.認識作者司馬遷生平、認識紀傳體史書特色。

2.理解言語對話中的深層意涵。

3.透過言語深層意涵的理解，推論人物特質。

4.透過推論、找支持的理由，理解人物的觀點。

5.分析不同觀點，以詰問作者的意圖。

說明：

1.從文本特徵而言：《史記》是中國第一部紀傳體的史書，作者司馬遷在此

書首創以人物為中心的紀傳體，不但在史學上有其重要價值，在文學上也具有影響力。司馬遷擅長以具體事件、言語對話、行為舉止等描述，讓人物形象更生動傳神，讓史書也有文學味。本文就是一個例子，不但敘事精簡、對話生動，更能讓讀者閱讀後，腦海中浮現皇帝不滿的暴怒與說辭有條不紊的張釋之形象——因此列為本文的教學重點之一。

2.從學生學習背景而言：本文幾乎出現在八年級的課文中，因此文章中關於整個事件經過的敘述，對於學生而言，難度不高；學生比較難以理解的是張釋之解釋判決依據的那段話，故也將此列為本文的教學重點之一。

3.從文本特徵而言：透過事件言語行為舉止等的描述以推論出人物特質，是「描寫人物」重要的寫作技巧，本文便是透過廷尉解釋其判決依據的那段言語，讓張釋之有條不紊、說之以理、言之以法、面面俱到的人物形象立體呈現。因此，如何讓學生學到「寫人」技巧，也是本課重點之一。

4.從學生學習背景而言：文章中對於事物的觀點，通常是隱而不顯的，但可以從事件發展、對話互動、神情態度的探討中，推斷其所持的看法，進而理解主角的觀點，甚或作者的觀點——這樣的閱讀學習，是中學生應該要具備的閱讀技巧。

5.從學生學習背景而言：當學生學會推論觀點、比較分析同一件事物卻呈現不同觀點時，其實他已經在不知不覺中開始進行讀者與作者之間的對話了，這是閱讀的極高層次。因此，透過本課的設計，希望學生開始練習能在閱讀時自我提問，當個獨立閱讀者。

四、擬訂各節次教學重點規劃

第一節：認識作者、紀傳體史書特色、處理第一段生難字詞、梳理難句、摘要段落大意。

第二節：處理第二～三段生難字詞、梳理難句、摘要段落大意。

第三節：全文統整、全文結構（推論人物特質、理解事件脈絡）。

第四節：閱讀理解策略應用——找不同觀點與支持證據、詰問作者意圖。

第五節：評量檢核——找不同觀點與支持證據。

五、教學策略設計

（一）教學目標

1.推論觀點，找支持的理由。

2.比較分析不同觀點，以詰問作者的意圖。

（二）學生經驗分析

1.知識經驗：曾學過故事體的結構（吳敬梓〈王冕的少年時代〉）。

2.策略經驗：能理解監控對文言文課文的白話翻譯。

曾學過自我提問策略（吳敬梓〈王冕的少年時代〉）。

（三）設計理念

1.在文本中，文帝與廷尉對犯蹕處刑有不同的觀點，藉此指導學生從文本找出不同的觀點與支持的理由；甚或可進一步探究作者為何提供不同觀點的寫作目的或意圖。

2.文中的主要觀點是張釋之對於法的看法。廷尉據理力爭的四個句子，說理層次分明，以推論策略釐清廷尉說理的層次，加深學生對文本的閱讀理解。

（四）策略步驟

找不同觀點的事件→找出對事件有不同觀點的人→檢索整理不同人物的相關訊息→推論其觀點→由文本找出支持觀點的理由進行理解監控→分析作者安排不同人物不同觀點的寫作目的。

找不同觀點的事件，找出對事件有不同觀點的人

個別檢索、整理不同人物的相關訊息

進行個別的推論，並找出支持觀點的理由

比較異同，分析作者呈現不同觀點的寫作目的

參、教學設計

教學活動規劃（以第四節為例）

（一）暖身活動

引起動機：教師說明何謂「不同觀點」。

對於同一件事情可能有不同看法（包含相反意見），相同的，在文章中有時候也會出現兩種不同的觀點，可能是因為不同的人、不同的時間對同一件事情會有不同的看法。

（二）發展活動

1.找出不同觀點的事件

師：文本中是對哪一個事件有不同的看法？

生：犯蹕的判刑。

2.找出對犯蹕觀點不同的人

師：是誰對犯蹕判刑有不同的看法？

生：文帝、廷尉。

3.找出文帝對犯蹕判刑的觀點及其支持理由

(1)師：文帝對犯蹕判刑有何看法？

生：不滿意廷尉的判決，認為應該加重刑罰。

(2)師：請從文本中找出支持文帝觀點的理由。

生：此人親驚吾馬；吾馬賴柔和，令他馬，固不敗傷我乎？而廷尉乃當之罰金！

(3)師：這段話如何能推論文帝的觀點？

生：因為他說：「令他馬，固不敗傷我乎？」可推知是生氣的語氣。「而廷尉乃當之罰金」的「乃」解釋為「竟然」，可見文帝覺得判罰金還不夠。

4.找出廷尉對犯蹕判刑的觀點及其支持理由

(1)師：廷尉對犯蹕判刑有何觀點？

生：認為應該依法判刑。

(2)師：請從文本中找出支持廷尉觀點的理由。

生：法者，天子所與天下公共也。今法如此而更重之，是法不信於民也。且方其時，上使立誅之則已。今既下廷尉，廷尉，天下之平也，一傾而天下用法皆為輕重，民安所措其手足？

5.梳理文句完成「廷尉來說理」圖表

(1)教師示範

①師：為了仔細說明支持廷尉觀點的理由，廷尉回答的話如何細分？

生：分為四個句子：

・法者，天子所與天下公共也。

・今法如此而更重之，是法不信於民也。

・且方其時，上使立誅之則已。

・今既下廷尉，廷尉，天下之平也，一傾而天下用法皆為輕重，民安所措其手足？

②師：第一個句子，廷尉是從哪個角度來說明？

生：從犯人的角度來說明。

③師：他說服文帝的理由是什麼？

生：這句話是要人民守法，法律也明令犯法的處罰。縣人既然犯蹕，當然要依犯蹕的刑罰判刑。

④師：所以這是依照哪個層面來說明的？

生：法律。

(2)師生共作

教師指導學生將上述推論重點填入「廷尉來說理」圖表中。

(3)分組實作

①請分組討論第二、三、四句的說明角度、說服理由，並歸納說理層面，完成附錄的表格。

②各組發表分享（參考答案詳見附錄一）。

（三）綜合活動

1.複習本節學習重點

(1)師：找不同觀點時，可以從什麼地方著手？

生：找出造成不同觀點的事件、對事件有不同觀點的人物。

(2)師：那要如何找出支持觀點的理由？

生：從文本中尋找人物對該事件的說法、語氣（或採取的作法）。

(3)師：為什麼要找不同的觀點？想一想，作者的寫作目的是什麼？

生：應該是為了凸顯作者贊成張釋之的看法。

(4)師：這一堂課，學到什麼？（開放性提問，讓同學能將張釋之面對上級
　　　施壓的解難過程，透過思考轉移到生活）

　生：①對於同一件事，每個人可能因為立場、角度、身家背景的不同，
　　　　而有不同的看法；同一個人也可能因為時空、情境不同，看法改
　　　　變，都要予以尊重。

　　　②與人溝通，要說出自己的看法時，應該要提出證據、支持的理由，
　　　　理直氣和的表達，那才是說話的藝術。

　　　③與他人觀點不同造成衝突時，應先分析找出證據，依法而行是重
　　　　要準則。

2.課後延伸閱讀

　　發下〈盜高廟坐前玉環〉一文與翻譯，請學生先行閱讀。

教學提醒

　　「如何找支持的理由來推論觀點？」應該是這堂課學生的學習困難，因為與
觀點人物相關的訊息那麼多，要檢索哪些訊息才是相關的、有效的訊息？這時可
以提醒學生：從文本中找出此人物對該事件的說法、語氣或採取的作法。

參、教學評量

一、評量目標

　　找出該文不同的觀點與支持的理由。

二、評量活動

　　完成延伸閱讀學習單（詳見附錄二）。

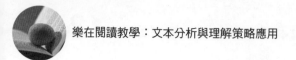

附錄一　「廷尉來說理」圖表（參考答案）

原文	法者，天子所與天下公共也。	今法如此而更重之，是法不信於民也。	且方其時，上使立誅之則已。	今既下廷尉，廷尉，天下之平也，一傾而天下用法皆為輕重，民安所措其手足？
說明角度	犯人	法律、人民	文帝	廷尉
說服的理由	要人民守法，也明令犯法的處罰。縣人既然犯蹕，當然要依犯蹕的刑罰判刑。	如果對犯蹕加重處罰的話，會讓人民對法律不信服。	皇帝有君權，可不經審判而殺人。	廷尉是執法標準，若判案不公，會讓天下執法者無所適從。
說服的層次	法律	法律	判決者	判決者
統整 （用一句話統整廷尉對犯蹕判刑的觀點）	以法律而言，犯蹕應依法判刑，否則法律將不被人民信服。以判決者而言，皇帝雖有殺人的權力，但卻交付給廷尉審理，廷尉自然須依法判處罰金。			

附錄二　延伸閱讀學習單

> 有人盜高廟坐前玉環，捕得，文帝怒，下廷尉治。釋之案律盜宗廟服禦物者為
> 奏，奏當棄市。上大怒曰：「人之無道，乃盜先帝廟器，吾屬廷尉者，欲致之
> 族，而君以法奏之，非吾所以共承宗廟意也。」釋之免冠頓首謝曰：「法如是
> 足也。且罪等，然以逆順為差。今盜宗廟器而族之，有如萬分之一，假令愚民
> 取長陵一抔土，陛下何以加其法乎？」久之，文帝與太后言之，乃許廷尉當。

找不同觀點與支持的理由

引發事件	庶民偷盜判刑	
觀點不同的人	文帝	廷尉
所持觀點	應加重判刑	應依法判刑
支持的理由	1.大逆不道。（人之無道，乃盜先帝廟器） 2.吾屬廷尉者，欲致之族。（判決太輕） 3.而君以法奏之，非吾所以共承宗廟意也。（文帝欲以個人意志主導判案）	1.案律盜宗廟服禦物者為奏，奏當棄市。（依法判決） 2.法如是足也。（不隨文帝意志判案） 3.盜宗廟服禦物者為奏，奏當棄市。（原本法律規定）。今盜宗廟器而族之，有如萬分之一，假令愚民取長陵一抔土，陛下何以加其法乎？（如果加重的話，那之後如果再違反相關法律的話，要如何再加重呢？強調執法要依法律規定判決，不能取決於個人好惡）

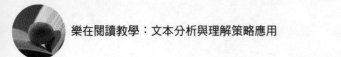

第十三章

從文本分析到教學評量：
〈愛蓮說〉

吳淑珍[1]、王秀梗[2]

〈愛蓮說〉  周敦頤

1　水陸草木之花，可愛者甚蕃。晉陶淵明獨愛菊；自李唐來，世人盛愛牡丹。予獨愛蓮之出淤泥而不染，濯清漣而不妖；中通外直，不蔓不枝；香遠益清，亭亭淨植，可遠觀而不可褻玩焉。

2　予謂：菊，花之隱逸者也；牡丹，花之富貴者也；蓮，花之君子者也。噫！菊之愛，陶後鮮有聞。蓮之愛，同予者何人？牡丹之愛，宜乎眾矣！

繪圖者：林川又

1　臺南市立安順國民中學國文科教師。
2　臺南市立復興國民中學國文科教師（退休）。

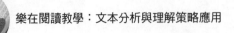

、文本分析

一、概覽全文

本文標題為「愛蓮說」，從標題看來即「說愛蓮」，預測全文的內容可能是作者自己喜愛蓮並說明愛蓮的原因。接著概覽全文，發現文章共分為二段，內容大致在談自己喜愛蓮是因為蓮的特質象徵君子美德，並舉菊與牡丹做映襯。從概覽中也可發現，本文的形式應該屬於議論的表述方式。

二、切分意義段形成段落大意

概覽全文後，可以發現本文進行切分意義段時，可將第一自然段依「提出喜愛蓮」與「蓮的特性」酌分兩部分：第一段，作者先總說再提出「予獨愛蓮」論點，接著再列舉蓮的特質為論據；第二段以花喻人，並提出要「蓮之愛，同於者何人」的結論。

自然段	1		2
意義段	一		二
	水陸—予獨愛蓮	蓮之出淤泥—可遠觀而不可褻玩焉	二
意義段大意	我（周敦頤）特別喜愛蓮	因為蓮具有以下的特質：出淤泥而不染，濯清漣而不妖；中通外直，不蔓不枝；香遠益清，亭亭淨植，可遠觀而不可褻玩焉	只是跟我同樣喜愛蓮的，又有誰呢？

三、全文大意

文本的大意是借蓮的特質說明君子的美德。

四、段落分析

　　教師可以從段落分析中，了解各段落重點，以及可以和學生討論的主題。段落分析可以從以下方式討論：重點整理、生難詞句、寫作技巧。教師可以依教學時間與學生能力來調整教學設計。

段落內容	段落分析
1 水陸草木之花，可愛者甚蕃。晉陶淵明獨愛菊；自李唐來，世人盛愛牡丹。予獨愛蓮之出淤泥而不染，濯清漣而不妖；中通外直，不蔓不枝；香遠益清，亭亭淨植，可遠觀而不可褻玩焉。	1.重點整理：菊、牡丹和蓮被喜愛的情形與蓮的特質。 (1)陶淵明「獨」愛菊：情有獨鍾。 (2)世人「盛愛」牡丹：愛牡丹蔚為時代風潮。 (3)予獨愛蓮……：情有獨鍾並提出蓮值得喜愛的特質。 (4)小結：我喜愛蓮，因它具有美好的特質。 2.生難詞句： (1)水陸草木「之」花／予獨愛蓮「之」出淤泥而不染。 (2)「可愛」「者」、不「蔓」不「枝」、「濯」清「漣」而不「妖」。 (3)晉陶淵明「獨」愛菊／予「獨」愛蓮之出淤泥而不染。 (4)出淤泥「而」不染／可遠觀「而」不可褻玩「焉」。 3.難句：予獨愛蓮之出淤泥而不染／濯清漣而不妖／中通外直，不蔓不枝／香遠益清，亭亭淨植，可遠觀而不可褻玩焉。 4.寫作技巧： (1)從「總說」到「舉例」到聚焦「蓮的特質」。 (2)映襯：以菊做蓮的正襯，以牡丹做蓮的反襯。 (3)以花、莖、香味、給人的感受列舉蓮的特質。 (4)以物喻人，蓮的各項特質象徵的君子美德。

段落內容	段落分析
② 予謂：菊，花之隱逸者也；牡丹，花之富貴者也；蓮，花之君子者也。噫！菊之愛，陶後鮮有聞。蓮之愛，同予者何人？牡丹之愛，宜乎眾矣！	1.重點整理：以花喻人，再提出「同予者何人」的感慨。 (1)菊象徵隱士，牡丹象徵愛富貴者，蓮象徵君子。 (2)感慨愛蓮、愛牡丹者知音難尋，而愛牡丹者卻是人數眾多。 (3)小結：人應追求君子之德。 2.生難詞句： (1)難詞：噫／陶後「鮮」有「聞」／「宜」「乎」眾「矣」／菊「之」愛／蓮「之」愛／牡丹「之」愛。 (2)難句：菊之愛，陶後鮮有聞／蓮之愛，同予者何人／牡丹之愛，宜乎眾矣！ (3)類句： 　①菊之愛、蓮之愛、牡丹之愛。 　②菊，花之隱逸者也／牡丹，花之富貴者也／蓮，花之君子者也。 (4)倒裝句：菊之愛、蓮之愛、牡丹之愛。 3.寫作技巧：對比映襯、排比句型。

五、課文結構

　　從〈愛蓮說〉一文可以看出，一開始即提出作者的論點——「予獨愛蓮」，再針對此論點，提出蓮的美好特質作論據來說明自己的觀點，以說服讀者接受作者的觀點。最後，作者以「蓮之愛，同予者何人」作總結，讓全文在「論點—論據—結論」中形成一篇結構完整的文章。教師亦可以依此帶領學生找找看哪一篇文章有像這樣的結構，或是仿寫一篇類似結構的文章。

自然段		1						2
意義段		一						二
	水陸—予獨愛蓮	蓮之出淤泥—可遠觀而不可褻玩焉						二
	論點	論據						結論
		花		莖		香味	給人的感受	蓮之愛，同予者何人
予獨愛蓮		出淤泥而不染	濯清漣而不妖	中通外直	不蔓不枝	香遠益清	亭亭淨植 / 可遠觀而不可褻玩焉	
		比喻：以蓮之特質比喻各項君子美德						
		不同流合污	不隨波逐流	內心坦蕩言行耿直	不攀附權貴	品德禁得起考驗	卓爾不群 / 令人敬仰，不容冒犯	

六、全文深究分析

（一）寫作手法（文本表述）

1.議論文本的表述手法

在 108 新課綱中，國語文領綱的學習內容——文本表述—議論文本提及：議論文本的表述手法是以事實、理論為論據，以達到說服、建構、批判等目的的方式，本文作者為了凸顯蓮值得喜愛，從花、莖、香氣、給人的感受列舉蓮的美好特質，並以蓮的特質象徵君子美德，以物喻人、借物說理，來說服人們應看重君子之德。

2.運用映襯的手法，顯現作者想法

本文運用映襯的手法，例如：以菊象徵隱逸者，做為蓮的正襯；以牡丹象徵富貴者，做為蓮的反襯。三種花的映襯統整，可推論出作者的言外之意。

時代	所愛之花	喜愛者	比喻	喜愛人數	喜愛程度	寫作手法	言外之意
東晉	菊	陶淵明	隱逸者 獨善其身	少	獨愛 陶後鮮有聞	正襯	真正隱逸者少 知音難尋
李唐以來	牡丹	世人	熱衷富貴者	眾多	盛愛 宜乎眾矣	反襯	世人對於富貴 是趨之若鶩
北宋	蓮	作者	有美德的君子	少	獨愛 同予者何人	映襯主體	堅守君子節操者少 知音難尋

3.「愛蓮」之因與「蓮、君子」連結的以物喻人技巧

(1)在第一自然段中，作者說明喜愛蓮的原因，第二段作者評論「蓮，花之君子者也」，可透過統整第一段中關於蓮的特質並找支持的理由來推論其象徵意涵，清楚呈現本文以物喻人的技巧。

蓮的特質	涵義	象徵
出淤泥而不染	在污穢的環境中卻不受影響	不同流合污
濯清漣而不妖	在清水不斷洗滌下仍筆直地長（妖：不正）	不隨波逐流，不迎合世俗
中通外直	中心通暢，外表挺直	內心坦蕩、無罣礙，言行耿直
不蔓不枝	蓮的莖沒有蔓生，也沒有歧出的情形	不攀附權貴，不結黨營私
香遠益清	香氣愈遠愈芬芳	德馨遠播，品德禁得起考驗
亭亭淨植	高高地、潔淨地直立	卓爾不群

(2)本文「以物喻人」的技巧，「以菊喻隱士」、「以蓮喻君子」、「以牡丹喻富貴者」，除「蓮的特質」有上述詳盡說明外，菊與牡丹在文本中未有詳述，有需要就其歷史背景，甚至其他文本提及之處，補充說明。

項目	比喻	呼應	喜好者	背景原因
菊	隱逸者	陶淵明	少	1.陶淵明淡泊名利、不求聞達。 2.隱逸詩人之宗。 3.專植菊花、採菊東籬。
牡丹	富貴者	世人	眾多	1.唐代國花、唐盛行牡丹文化。 2.唐玄宗與楊貴妃賞牡丹。 3.白居易〈買花〉。
蓮	君子	作者	少	1.周敦頤嘗以「愛蓮」為居室名。 2.蓮花（佛教）有四德：一香、二淨、三柔軟、四可愛。 3.周敦頤由佛入儒，始以蓮為君子表徵。

4.透過三次出現菊、牡丹與蓮的順序與末句標點，可理解作者「借物說理」的邏輯脈絡

(1)文中三次出現菊、牡丹與蓮，順序有不同，統整分析可推知作者的寫作目的是感慨世人追求富貴者多、重視君子美德者少，其「借物說理」的寫作脈絡，值得學生學習。

菊、蓮與牡丹出現順序的安排

出現頻率	第一次	第二次	第三次
順序	菊→牡丹→蓮	菊→牡丹→蓮	菊→蓮→牡丹
作者安排	按照時間年代的先後順序	按照時間年代的先後順序	牡丹排最後
作者用意	前兩次排序相同，第三次明顯不同，意在強調第三次。第三次把牡丹放在最後，具有強調作用，藉由「噫！」的感慨，帶出作者對世人追求富貴這一現象的感嘆，這也是作者借本文最想強調的寫作意圖。		

(2)末句的標點符號，可推論作者對愛菊、愛蓮與愛牡丹者的褒貶。

原文	菊之愛，陶後鮮有聞。	蓮之愛，同予者何人？	牡丹之愛，宜乎眾矣！
末句標點符號	。（句號）	？（問號）	！（驚嘆號）
隱藏的意涵	肯定陶淵明隱逸的人生態度	在反詰中反映少有和自己一樣堅守君子之德者的落寞	強烈感慨追求富貴者何其多，也委婉貶責這種人生態度

5.在生活、閱讀經驗中，有哪些可以拿來做為映襯的實例

以國中生而言，在學校的課業學習上，可試著從同儕中尋找例子，也可以從生活中尋找社會時事以驗證。

6.文章設計

本文提到三種花與象徵的人品，如果在現代，若要寫一篇這樣的文章，你要如何設計？會舉哪些例子說明？可以小組討論。

（二）作者意圖

1.提出「予獨愛蓮」論點，接著再列舉蓮花的特質為論據，最後提出要「蓮之愛，同予者何人」的結論，來說明自己的觀點。

2.認同堅守節操的隱士和君子，對喜愛牡丹的熱衷富貴者委婉暗喻鄙棄。

3.作者是否有清楚表達他的意圖？還可以使用什麼例子加以補充？

（三）提出看法或問題

1.本文以作者喜愛的蓮為議論主體，以「蓮」喻君子，以「菊」喻隱士，以「牡丹」喻企求富貴者，這樣的例證適合嗎？

2.將菊比喻成隱士，牡丹比喻成富貴者，從文中能找到支持的理由嗎？是否有歷史背景或其他閱讀文本可佐證呢？

3.本文題目是「愛蓮說」，為什麼還要舉菊和牡丹的例子？

4.作者在文末對熱衷富貴者以「宜乎眾矣」暗喻鄙棄，這樣適當嗎？

5.請重新評價隱逸的人、君子與熱衷富貴的人？

6.在現代生活裡，是否仍有隱居的可能性？請提出看法與理由。

7.文中提到蓮的君子美德，你覺得生活周遭有哪些人物例子可以印證？

8.請以某種植物來比喻我們生活周遭的某個人物？

（四）課外經驗比較

1.以蓮的各項特質為論據，與學過的王溢嘉〈音樂家與職籃巨星〉一文中的音樂家、職籃巨星人物論據比較。

2.本文與學過的王溢嘉〈音樂家與職籃巨星〉的論述主題、寫作手法比較。

3.其他國中、小的文本舉例，例如：陳幸蕙〈生命中的碎珠〉、羅家倫〈運動家的風度〉等。

4.針對生活中自己喜歡的相關事物，可以舉例討論。

貳、教學設計

一、分析學習困難

1.學習文言文的詮釋。

2.欣賞映襯的寫作手法。

3.了解三種花象徵的寓意（以物喻人、藉物說理）。

二、選擇教學策略

學習困難	閱讀策略選擇
1.學習文言文的詮釋	詞彙解碼，提問設計
2.推論作者觀點	由文本找支持的理由
3.了解三種花象徵的寓意（以物喻人、藉物說理）	分析寫作手法、詰問作者意圖

（一）學習文言文的詮釋

文言文難句的詮釋步驟：斷句→圈補主詞→逐字替換語詞→逐句換句話說。

1.可採「析字、形音連結、部件辨識、組字規則、由文推詞義」等方式詮釋生難語詞；虛字則採「從詞組結構找出、查字辭典、類詞互推」詮釋虛字。

2.難句的處理除了可採「圈補主詞、還原省略、替換語詞」外，也可採由上下語境推論或其他設計。

（二）推論作者觀點

可設計提問做學習鷹架。提問設計可由事實的問題→推論的問題。先檢索訊息→整理訊息，聚焦在這些特定訊息的思辨；接著提問需要推論的問題時，就能藉由這些整理過的訊息找出支持的理由或不同的觀點證據。

（三）了解三種花象徵的寓意（以物喻人、藉物說理）

菊、牡丹、蓮，重複三次且順序不同，可藉由語序不同與末三句的標點「。」、「？」、「！」來推論作者的寫作意圖。

三、決定教學重點

1.文言文的詞彙解碼與詮釋步驟。

2.由文本找支持的理由，推論作者觀點。

3.認識以物喻人及藉物說理的寫作手法，了解作者的寫作目的。

說明：

1.從學生學習背景而言：本文屬文言文，版本用書安排大部分出現在八年級，此時的學生已具有基本詮釋文言文的能力，但因本文虛字量與難詞較多，因此列為教學重點。

2.從文本特徵而言：本文提出菊、牡丹與作者喜愛的蓮象徵三種人生態度，何以作者要用菊、牡丹來與蓮並列，可透過從文本找支持的理由來推論作者如此寫作的言外之意，故列為教學重點。

3.本文以藉物說理為論述特點，如何幫助學生連結以物喻人、進而藉物說理的邏輯脈絡，也是本文的學習難處，是需要被列為教學重點的部分，可安排詰問作者意圖的自我提問策略來進行教學。

四、擬訂各節次教學重點規劃

節次	教學重點
一	全文概覽（作者、題解、標題、主題、文類⋯⋯）。第一段詮釋。
二	第二段詮釋（生難語詞解釋、句子翻譯⋯⋯）。
三	全文統整（全文大意，核心概念統整—論點、論據與結論）。
四	推論作者觀點、找支持的理由、詰問作者寫作手法、作者意圖。

五、教學策略設計

（一）教學目標

1.文言文的詞彙解碼與詮釋。

2.推論作者觀點，找支持的理由。

3.分析寫作手法，詰問作者意圖。

（二）學生經驗分析

1.知識經驗：學生已具有基本議論文知識，大致知道論點、論據，例如：七年級的王溢嘉〈音樂家與職籃巨星〉一文已大致認識議論文。

2.策略經驗：國小已學過推論策略，八年級已經學過詞彙策略、由文推詞義策略，操作過生難語詞解釋的活動，例如：沈復〈兒時記趣〉、陶淵明〈五柳先生傳〉。

（三）設計理念

　　1.學生在七年級已有詮釋文言文的經驗，但是本文中生難詞句與文言虛字不少，可利用本文複習「文言詮釋步驟」，也可透過本文的類句，發展由教師引導到師生共做、分組合作與個人挑戰的學習方式，逐步增加學生的學習責任。

　　2.作者為了強調主角蓮，而旁舉菊與牡丹；為了彰顯君子，而略提隱士與富貴追求者，如此高妙的寫作手法也是本文值得推薦欣賞之處，可安排分析寫作手法的詰問策略來進行教學。

　　3.本文以藉物說理為論述特點，如何幫助學生連結以物喻人、進而藉物說理的邏輯脈絡，也是本文的學習重點與學習難處，可安排詰問作者意圖的自我提問策略來進行教學。

　　4.分析寫作手法與詰問作者意圖是比較有難度的學習，本文希望藉著第四節推論作者觀點、找支持的理由做為第五節詰問作者的學習鷹架，來引導習得分析寫作手法與詰問作者意圖的能力。

（四）策略步驟

第一節段落詮釋

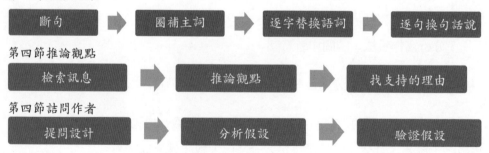

　斷句　➡️　圈補主詞　➡️　逐字替換語詞　➡️　逐句換句話說

第四節推論觀點

　檢索訊息　➡️　推論觀點　➡️　找支持的理由

第四節詰問作者

　提問設計　➡️　分析假設　➡️　驗證假設

參、教學實施

教學活動規劃（以第一節段落詮釋為例）

（一）暖身活動

1.明示目標與活動

(1)學習目標：能依據文言文的詮釋步驟理解文本意涵。

(2)課堂活動：活動方式有師生合作、分組合作、個人學習。

2.複習文言文詮釋步驟

師：將文言文詮釋成白話文的步驟有哪些？

生：斷句→圈補主詞→逐字替換語詞→逐句換句話說。

（二）發展活動

1.第一段詮釋教學

(1)請學生自我嘗試將課文斷句（在課文斷句的位置用鉛筆畫上斜線）。

(2)檢視「會讀課文」是否能幫助學生「正確斷句」。

(3)梳理難字難句後，師生再共同修正第一次斷句。

(4)梳理第一段的生難詞句：

①教師示範「水陸草木『之』花」的「之」的解釋策略。

師：「水陸草木」是名詞，「花」也是名詞，中間夾著「之」字，

通則是前面的名詞轉成形容詞，「之」應該解釋成「的」，

像白話詞語「花朵的蜜糖」。

名詞＋之＋名詞→策略：往前找位置最近的名詞短語甲，「之」

解釋成「甲的」。

②師：在小組中提出生難詞句，小組討論解決策略，了解詞句的意思。

③師生共同討論各組解釋是否適當。

④教師針對學生有疑慮的詞句加以說明。

⑤師生共同修正第一次斷句是否適當。

修正後在課文斷句的位置用紅筆畫上斜線。

檢視與第一次斷句的位置是否不同。（檢視學生課文上的紀錄）

(5)依步驟用白話文換句話說：

①小組共同討論完成「圈補主詞」。

②師生共同修正第一段的「圈補主詞」。

③老師示範第一段第一部分的「逐字替換語詞」與「逐句換句話說」，完成第一段第一部分文句的詮釋。

　　師：「水陸草木之花，可愛者甚蕃。」→水中陸上草本木本的花，可愛的（花）很多。

④小組共同試做第一段其餘部分的「逐字替換語詞」與「逐句換句話說」。

⑤師生共同修正第一段的「逐字替換語詞」與「逐句換句話說」。

2.第二段詮釋教學

步驟與第一段相同，讓小組分組合作完成。

（三）綜合活動

課後作業提醒：完成第二段課文詮釋預習單。

教學提醒：本節學生的學習難處與學習鷹架整理如下。

教學步驟	學習困難	學習鷹架
斷句	不會斷句	提醒學生在標點符號「。？！：」處作斷句（畫斜線）。
圈補主詞	如何搜尋策略解釋生難詞句？ 如何判斷同學的詮釋是否適當？	1.難字難詞可提醒學生從課文解釋欄或使用字辭典搜尋。 2.有疑慮時則提醒學生檢視上下文字，推測其意。 3.困難度高的難字可由教師提供數個可能的詮釋，讓學生評判何者適合。 4.可喚起學生類似學習經驗，再做詮釋。 5.提供通則性的策略。
逐字替換語詞	「逐字替換語詞」到「逐句換句話說」如何適當運用連接詞並重整語意。	全文句句有主詞，只須圈出主詞，不必補主詞。
逐句換句話說		利用類句結構，教師示範詮釋第一句，再由學生分組合作或個人挑戰予以完成。

▌肆、課程評量（一）

一、評量目標

能正確依文言文詮釋步驟預習第二段課文詮釋。

二、評量活動（以第四節為例）

完成課文詮釋學習單（第二段難字難句學習單、第二段文言文詮釋步驟）。

（一）暖身活動

1.明示目標與活動

(1)學習目標：分析句子深層意涵。

(2)課堂活動：活動方式有分組合作、個人學習。

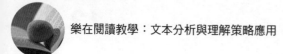

2.複習推論的技巧

師：如何進行推論分析？有哪些方法？

生：從上下文找支持的理由或不同的觀點證據。

（二）發展活動

1.推論言外之意（觀點）、找支持的理由

(1)教師提問設計

提問一：利用下表，統整第一段世人對於三種花喜愛情形的敘述。

答案：

時代	人物	所愛之花	喜愛程度
東晉	陶淵明	菊	獨愛
李唐	世人	牡丹	盛愛
北宋	周敦頤	蓮	獨愛

提問二：關於作者提及世人對於三種花喜愛情形的敘述，他的言外之意是什麼？並請說明支持的理由。

生：①愛菊人：情有獨鍾、知音難尋。

理由：「獨愛菊」、「陶後鮮有聞」的「獨」表示情有獨鍾，「獨」、「鮮有聞」也可解釋為喜愛者少、知音難尋。

②愛牡丹人：追逐富貴者趨之若鶩。

理由：「盛愛」、「宜乎眾矣」的「盛、眾」表示很多，對於富貴是趨之若鶩。

③愛蓮人：情有獨鍾、知音難尋。

理由：「獨愛」、「同予者何人」的「獨」表示情有獨鍾，「獨」、「同予者何人」也可解釋為喜愛者少、知音難尋。

(2)各組發表分享

由各組代表發表其對所愛之花的看法。

(3)推論象徵意涵、找支持的理由

教師提問設計：作者說：「蓮，花之君子者也」，請從文中找出支持「蓮，花之君子」的理由，填入表格中。

答案：參考答案詳見全文深究分析（一）寫作手法（文本表述）3。

各組發表分享：根據表格，說明「蓮為何是花中君子」的理由。

2.詰問作者：作者意圖（寫作用意）

(1)教師提問設計

提問一：本文作者一共寫了三次蓮、菊和牡丹對比的文字，請排列出這三次語序變化的順序。

答案：①菊→牡丹→蓮。

②菊→牡丹→蓮。

③菊→蓮→牡丹。

提問二：關於菊、牡丹、蓮排列的順序，請問作者作了哪些安排？

答案：前兩次排序相同，而且都是按照時間年代的先後順序；第三次則不同，把牡丹放在最後。

提問三：想一想，關於菊、牡丹、蓮排列的三次不同語序，作者的用意是什麼？

答案：前兩次排序相同，第三次明顯不同，意在強調第三次。第三次把牡丹放在最後，具有強調作用，藉由「噫！」的感慨，帶出作者對世人追求富貴這一現象的感嘆，這也是作者借本文最想強調的寫作意圖。

（三）綜合活動

1.詰問作者：分析寫作手法與效果

(1)教師提問設計

提問一：本文題目是「愛蓮說」，為什麼還要舉菊和牡丹的例子？

答案：①以時間順序而言，先從東晉再到李唐，最後點出現在的自己喜愛
蓮。

②以喜愛程度而言，菊是「獨愛」，牡丹是「盛愛」，最後再點明自
己「獨愛」蓮。

③以正反論例而言，菊屬於正面襯托，牡丹屬於反面烘托，都是為了
帶出主角（蓮）。

④以生活態度而言，菊是隱逸者，能獨善其身，卻無法兼善天下；牡
丹是富貴者，只隨波逐流、追求名利；相較之下，更能表明作者愛
君子之蓮。

綜合以上四點，作者雖主寫蓮，卻必須旁舉菊和牡丹來彰顯自己獨愛
君子之蓮。

提問二：關於作者這樣安排的寫作手法，你認為可以達到什麼效果？

答案：①以時間順序來說明，條理清楚。

②把蓮放在最後，具有強調作用。

③藉由「獨愛菊」的正面襯托與「盛愛牡丹」的反面烘托，更能凸顯
主角「獨愛蓮」。

④就三種生活態度進行比較，更能彰顯作者嚮往君子「蓮」之德。

伍、課程評量（二）

一、評量目標

能正確按照作者的寫作意圖填入適當的標點符號。

二、評量活動

請按照作者的寫作意圖，幫「菊之愛陶後鮮有聞蓮之愛同予者何人牡丹之愛宜乎眾矣」原文填上正確的標點符號。

三、答案

菊之愛，陶後鮮有聞。蓮之愛，同予者何人？牡丹之愛，宜乎眾矣！（可參考全文深究分析）

四、寫作手法-文本表述 4-(2)

教學提醒：

　　1.推論寫作目的是國中生進行閱讀理解策略教學深層分析的重點，但是讓學生推論句子的深層意涵是有難度的。教師提問設計可由事實的問題→推論的問題。先檢索訊息→整理訊息，聚焦在這些特定訊息的思辨；接著提問需要推論的問題時，就能藉由這些整理過的訊息找出支持的理由或不同的觀點證據。

　　2.象徵手法是透過特定的、容易聯想的具體形象，表現與之相似特點的概念、思想和感情。因此，在進行推論設計時，應提醒學生注意抽象與具體此二者

有何相似的特點，以做為支持的理由。

3.詰問作者意圖的學習難度頗高，也考驗教師提問設計的技巧，可藉社群共備激盪火花，設計更好、更有效的提問，以免課堂無效的追問。

末三句的標點「。」、「？」、「！」隱藏作者的褒貶，因此最後的評量設計可用「填寫正確的標點符號」做為本文閱讀理解的檢核。

4.以菊和牡丹襯托主題蓮的寫作手法極具巧思，教師提問的回答可先讓學生自由發揮，最後再統整歸納答案。

附錄一　梳理各段的難字難句

第一段

生難詞語	解釋	策略運用
①水陸草木「之」花。 ②予獨愛蓮「之」出淤泥而不染。	①介詞，相當於白話的「的」。 ②介詞，相當於白話的「的」。	①名＋之＋名，「之」是位於兩個名詞間的關係介詞，相當於白話的「的」，本句→「水陸草木的花」。 ②名＋之＋抽象名詞，「之」是表領屬關係的介詞，相當於白話的「的」，本句→「我特別喜愛蓮花的出淤泥而不染」。
①「可愛」。 ②「者」。	①令人喜愛，值得喜愛。 ②指稱詞，指「花」。	①從相似詞推詞意，如「可恨」（令人怨恨）、「可悲」（令人悲傷）。 ②從前一句（水陸草木之花）推論出「者」所指稱的是「花」。
①晉陶淵明「獨」愛菊。 ②予「獨」愛蓮之出淤泥而不染。	①特別。 ②特別。	分析「獨」的解釋找最適合的。 獨：孤單、孤苦無依的人、特殊、只是。 ①②「特殊」最適合，再修正為白話說法「特別」。
「自」李唐來。	關係介詞，相當於白話的「從」。	從後面接的是「時間詞」找出。 自：關係介詞，後接時間或處所詞，應解釋為「從」。
①不「蔓」。 ②不「枝」。	①蔓生細莖，動詞。 ②旁生枝枒，動詞。	從詞組結構找出。 不：副詞，用在動詞、形容詞前面，表示否定，或加在名詞前面，構成形容詞。 此語詞結構是表示否定，所以「蔓」和「枝」應轉為動詞。
①「濯」。 ②清「漣」。 ③而不「妖」。	①洗滌。 ②小波紋。 ③冶豔不端莊。	查字辭典。

生難詞語	解釋	策略運用
香遠「益」清。	愈，更加。	查字辭典。
①出淤泥「而」不染。 ②可遠觀「而」不可褻玩焉。 ③可遠觀而不可褻玩「焉」。	①轉折連詞，可解釋為「可是」、「但是」、「卻」。 ②轉折連詞，可解釋為「可是」、「但是」、「卻」。 ③焉：語末助詞，無義 vs.代名詞，指蓮花，它。	從「而」連接的上下句找出解釋。 ①「而」當連詞可聯繫兩個名詞或兩個並列的句子。此句聯繫的上下句所說的兩件事是相反的，是轉折型態的連詞，所以解釋成「卻」。 ②③與①同。

第二段

生難詞語	解釋	策略運用
噫。	嘆詞，相當於白話的「唉」。	從「噫」在句中的位置看出，「噫」位居句首，且後接「驚嘆號」，故為嘆詞。可輔以查字典，查出相當於白話的「唉」。
①花「之」隱逸「者」「也」。 ②花「之」富貴「者」「也」。 ③花「之」君子「者」「也」。	①者：指稱詞，指「人」。 ②之：介詞，的。 ③也：判斷句的句末助詞，無義。 ②③同①。	者：從詞組（隱逸者）看出「者」指的是人。 之：介於兩個名詞之間（花—隱逸者），是表領屬關係的介詞，相當於白話的「的」。 也：從「之」位於句末看出，「也」在句末可以是判斷句末助詞，無義，如本句；可以是解釋句句末助詞，等於白話的「了」，如「蓋一癩蝦蟆也」。 ②③同①。
①菊「之」愛。 ②蓮「之」愛。 ③牡丹「之」愛。	①賓語提前的助詞，無義。 ②③同①。	①從詞組詞性看出，「菊」為賓語，「愛」為動詞，賓語倒置於動詞之前，「之」為助詞，解釋時須還原為「動＋名」，成為「愛菊」，再補詞為「愛菊（者）」。 ②③同①。

生難詞語	解釋	策略運用
①陶後「鮮」。 ②有「聞」。	①少。 ②聽見。	查字辭典。
①「宜」。 ②「乎」。 ③眾「矣」。	①應該。 ②句中停頓語氣詞，相當於白話的「呀」、「啊」。 ③句末助詞，相當於白話中的「了」。	①查字辭典。 ②從「乎」在句子中間看出。 ③從「矣」在句末看出。 矣：感嘆助詞，表示「已然的事實」。放句首則謂語提前，相當於白話的「啊」，如「甚矣！汝之不慧！」放句末則相當於白話的「了」。

附件二 斷句（文章脈絡）

第一段 ①水陸草木之花，可愛者甚蕃。/ ②晉陶淵明獨愛菊；/ ③自李唐來，世人盛愛牡丹。/ ④予獨愛蓮之 　出淤泥而不染， 　濯清漣而不妖； 　中通外直，不蔓不枝； 　香遠益清，亭亭淨植，可遠觀而不可褻玩焉。/
第二段 ①予謂： 　菊，花之隱逸者也； 　牡丹，花之富貴者也； 　蓮，花之君子者也。/ ②噫！菊之愛，陶後鮮有聞。 　蓮之愛，同予者何人？ 　牡丹之愛，宜乎眾矣！/

附錄三　詮釋

圈補主詞→逐字替換詞語→逐句換句話說　　　　表示記號（／：斷句；□：主詞）

第一段

①水陸草木之花，□可愛者□甚蕃。／ 　之：的　可愛者：令人喜愛的（花）　甚：很　蕃：多
換句話說： 水中陸上各種草木的花，可愛的很多。
②晉□陶淵明□獨愛菊；／ 　獨：特別
換句話說： 晉朝的陶淵明特別喜愛菊花；
③自李唐來，□世人□盛愛牡丹。／ 　自：從　世人：世俗之人，一般人　盛：非常、極
換句話說： 從唐朝以來，一般人非常喜愛牡丹。
④□予□獨愛□蓮□之 　（獨：特別　之：的） 　出淤泥而不染， 　（淤泥：水底爛泥　而：卻　染：污染） 　濯清漣而不妖， 　（濯：洗滌→生長　清漣：清澈的小水紋→清水　妖：冶豔不莊重→妖媚） 　中通外直，不蔓不枝， 　（通：通達　直：挺直　蔓：蔓生細莖　枝：旁生枝枒） 　香遠益清，亭亭淨植，可遠觀而不可褻玩焉。／ 　（益：愈　清：清雅　亭亭：高挺的樣子　淨植：潔淨地直立　褻玩：清慢地接近玩弄） 　？焉：語末助詞，無義 VS.代名詞，指蓮花，它。
換句話說： 我特別愛蓮花它的從水底爛泥裡長出卻不受污染，生長在清水中卻不妖媚；中心通達，外表挺直，不蔓生細莖，也不旁生枝枒；香氣愈在遠處愈覺得清雅，高挺、潔淨地直立著，只可以從遠處觀賞，卻不可以輕慢接近玩弄（它）。

第二段

① 予 謂：（予：我　謂：説→認為） 　菊 ，花之隱逸者也； 　牡丹，花之富貴者也； 　蓮，花之君子者也。/ 　之：的　隱逸者：隱居的人　富貴者：富貴的人　君子者：君子（這樣）的人 「名詞，名詞也」的句式是判斷句，詮釋時逗號處要加譯「是」字。
換句話説： 我認為：菊花是花中的隱士，牡丹是花中的富貴之人，蓮花是花中的君子。
② 噫！菊之愛，陶後鮮有聞。 　〔噫：唉　菊之愛：愛菊（者）　鮮：少　聞：聽見〕 　蓮之愛，同予者何人？ 　〔蓮之愛：愛蓮（者）〕 　牡丹之愛，宜乎眾矣！/ 　〔牡丹之愛：愛牡丹（者）宜：應該　乎：助詞　眾：多　矣：句末助詞，相當於白話的「了」〕
換句話説： 唉！喜愛菊花的人，陶淵明以後很少聽説過。喜愛蓮花的人，和我相同的（人，從上省略）不知道還有誰？喜愛牡丹的人，應該啊（有）很多了！

國家圖書館出版品預行編目（CIP）資料

樂在閱讀教學：文本分析與理解策略應用／黃秀霜等著.
-- 初版. -- 新北市：心理，2019.08
面；　　公分. --（語文教育系列；48021）
ISBN 978-986-191-876-1（平裝）

1.國文科　2.文言文　3.閱讀指導　4.中等教育

524.311　　　　　　　　　　　　　　　　108012365

語文教育系列 48021

樂在閱讀教學：文本分析與理解策略應用

主　　編：黃秀霜、詹士宜、陳海泓、王秀梗
作　　者：黃秀霜、陳海泓、詹士宜、陸怡琮、陳昭吟、王秀梗、
　　　　　柯潔茹、王惠亭、許淑蓉、陳美惠、王楀瑄、許力云、
　　　　　許尤美、吳淑珍、高榛澧、謝謹如
責任編輯：郭佳玲
總 編 輯：林敬堯
發 行 人：洪有義
出 版 者：心理出版社股份有限公司
地　　址：231 新北市新店區光明街 288 號 7 樓
電　　話：(02) 29150566
傳　　真：(02) 29152928
郵撥帳號：19293172　心理出版社股份有限公司
網　　址：http://www.psy.com.tw
電子信箱：psychoco@ms15.hinet.net
駐美代表：Lisa Wu（lisawu99@optonline.net）
排 版 者：辰皓國際出版製作有限公司
印 刷 者：辰皓國際出版製作有限公司
初版一刷：2019 年 8 月
I S B N：978-986-191-876-1
定　　價：新台幣 320 元